W9-BAU-822

JOHANNES PRAETORIUS

BEKANNTE UND UNBEKANNTE HISTORIEN
VON RÜBEZAHL

JOHANNES PRAETORIUS

BEKANNTE UND UNBEKANNTE HISTORIEN VON RÜBEZAHL

1980

WISSENSCHAFTLICHE BUCHGESELLSCHAFT

DARMSTADT

Im Einvernehmen mit dem Insel-Verlag, Frankfurt am Main,
herausgegeben von der Wissenschaftlichen Buchgesellschaft, Darmstadt
in der Reihe »Libelli«

BAND CXLVIII

CIP-Kurztitelaufnahme der Deutschen Bibliothek

**Bekannte und unbekannte Historien von
Rübezahl** / Johannes Praetorius. — Unveränd.
reprograf. Nachdr. d. Ausg. Leipzig 1920. —
Darmstadt: Wissenschaftliche Buchgesellschaft, 1980.
(Reihe Libelli; Bd. 148)
ISBN 3-534-04043-0

NE: Praetorius, Johannes [Hrsg.]

Vw: Schultze, Hans (Wirkl. Name) — Praetorius,
Johannes

1 2 3 4 5

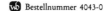 Bestellnummer 4043-0

Unveränderter reprografischer Nachdruck der Ausgabe Leipzig 1920
© 1966 by Insel-Verlag, Frankfurt am Main
Druck und Einband: Wissenschaftliche Buchgesellschaft, Darmstadt
Printed in Germany

ISBN 3-534-04043-0

Bekannte und unbekannte

HISTORIEN

von dem abenteuerlichen und weltberufenen
Gespenste dem

RÜBEZAHL

welche nicht allein aus allerhand Relationen
der fremden Handelsleute, sondern auch durch
Avisierungen vornehmer und gelahrter schlesi=
scher Personen zuwege gebracht hat

M · JOHANNES PRAETORIUS

Allhier denen begierigen Liebhabern aufs neue
teilhaftig gemacht durch den

INSEL · VERLAG ZU LEIPZIG

Anno 1920

Kurzer und wahrhaftiger Bericht

was im Lande Schlesien auf dem Riesengebürge zu befinden, und was es vor eine Beschaffenheit mit dem Rübezahl habe.

Auf dem Riesengebürge hat es zween Teiche, einen großen und einen kleinen, in beiden findet man die schönsten Forellen und groß; sind gar schwarz und haben, wie ander Forellen, schöne güldene Pünktlein, das Fleisch ist ganz rötlich wie Lachs, drumb werden sie auch Laxfohren genannt; sind gutes Geschmacks. Der kleine Teich ist zu gründen, der große aber nicht. Wie denn einmal der Fürste von der Liegnitz mit dem Schaffgotschen (dessen Schwester der Schaffgotsch gehabt) auf dem Gebürge gewesen und mit einer Fähre auf dem großen Teiche gefahren und gefischet, da hat der Fürst von der Liegnitz einen Türkisring zum Gedächtnus hineingeworfen; sechs Jahr hernach aber hat der Fürste von der Liegnitz den großen Seeteich (welcher etliche Meilen im Umfange hat) fischen lassen und allda gefangen einen so großen Hecht, als bei Menschengedenken nicht so groß gesehen worden; solchen hatten sie dem Fürsten zugebracht, der ihn lassen abtun, da sich dann in dessen Leibe derselbe Türkisring gefunden, worüber sie sich höchlichen verwundert. Sonst wachsen von allerhand schönen Kräutern und Wurzeln auf dem Berge, die Wurzeln auf dem Gebürge aber sind alle zweimal so dicke und groß als die auf der Ebene; insonderheit wächset das giftige Kraut Napellus, mas ☉ foemina häufig dar, das Männlein blühet schön blau, das Weiblein aber gar weißblau; ebenermaßen wachsen auch gar viel von den Johannisbeerlein, als rote, weiße und schwarze, sehr groß und haben einen schönern roten Saft als die zu Lande, es gibt auch der roten eine sonderliche Art, länglicht wie eine Birne, trefflich guten Geschmacks; von Rosen wachsen nur die wilden, aber sehr groß und dicke fette Blätter, purgieren sehr und werden von denen Apothekern fleißig gekauft. Unter dem Berge, gegen Böhmen zu, hat es einen Grund, der wird der Teufelsgrund genannt. Da hat der Geist seinen Garten, darinnen vornehme Kräuter und Wurzeln zu finden, als die rechte Weißwurzel, Mondenkraut, Springwurzel, die weiße Wegwart oder Hindleufte und andere vornehme Sachen mehr; wer aber was davon bekommen soll, der muß solches von dem Geiste erlangen: will er ihme solches mit Gewalt nehmen durch conjurationes oder andere Mittel, so stehet Leib und Lebensgefahr drauf. Er, der Geist, teilet auch Gutes mitte, und hat manchen wunderlich verehret. Er lässet sich in vieler Gestalt sehen. Er tut niemanden Leides, wenn man ihn nur mit Frieden lässet; tut man ihme was zuwider, und wann das Wetter noch so schön wäre, so wird er bald mit einem Ungewitter aufgezogen kommen, daß man vermeinen sollte, der Jüngste Tag wäre vor der Tür. Es hat im Gebürge unterschiedene Häuser, da Leute drinnen wohnen; Sommerszeit tun die Leute ihr Vieh hinauf. Sie geben schöne Butter, und große Käse werden droben gemachet, alle gutes Geschmacks, und da wird man selten Brot bei den Leuten finden, dann sie trinken Molken und essen die Matten statt des Brots; wenn jemand übers Gebürge reiset und gibt ihnen Brot, so nehmen sie es vor besser an als Geld und verehren ihn mit guter Milch. Der Schnee gehet selten gar weg, das kann man sehen am Laube von denen Blumen und Bäumen, wie es von Jahre zu Jahre drauf fället. Winterszeit sind lange Stangen, länger als die Hopfenstangen gesteckt, wo der Weg gehet; und ehe der Schnee harte wird, so haben sie Räder an die Füße gebunden, da gehen sie drauf, sonsten bleiben sie in dem Schnee stecken.

Was Rübezahl für Taten und Possen gemachet? Von diesem Stücke können nunmehr die folgenden Sachen gelesen werden, in welchen ich zusammengetragen habe, teils was ich gelesen, teils was ich hin und wieder von unterschiedlichen Personen in Diskursen gehöret oder auch geschrieben habe bekommen. Da denn zu merken, daß zweifelsohne viel tausend andere Geschichte mehr von dem Rübezahl ausgeübet sein, welche ich leider nicht erfahren habe.

1. Rübezahl ist ein Jägermeister.

Es sollen die nahe anliegende Örter gar ofte bei nächtlichen Zeiten hören, daß gleichsam ein Jäger auf dem Berge jage, da man denn eine eigentliche Stimme, Getöne oder Hornblasen und Geräusche von wilden Tieren, wie recht, vernehmen soll. Hievon aber halten die Anwohner, daß es ein besonderer nächtlicher Geist sei, davon sie sagen, daß der Nachtjäger jage. Ja, es ist dieses Geschrei auch unter den Kindern erschrecklich: aber welche sich gar bald schweigen lassen, wenn man ihnen zurüft: Sei stille! hörestu nicht, daß der Nachtjäger jage?

2. Rübezahl verbietet
zween vornehmen Jägern das Jagen im Gebürge.

Auf eine Zeit wurden zwei vornehme Jäger, die sich in Warmbrunn des Bades bedienet, miteinander einig, das Gebürge durch Jagen und Hetzen zu besuchen, damit sie einiges rares Wildpret möchten ansichtig und habhaft werden, solches als eine sonderbare Rarität mit nacher Hause zu nehmen. Derowegen ließen sie sich ihre zwei besten Winde zum Jagen nachführen und machten sich also getrost auf den Weg nach dem Gebürge zu. Sobald sie nun desselben ein gut Teil zurücke geleget und an einen schönen Wald kamen, ließen sie ihre Pferde an einen Baum binden und einen von ihren Knechten dabei bleiben, gingen drauf in den Wald hinein, bliesen in ihr Hörnlein und wollten mit ihren Winden gleich einen Versuch tun. Plötzlich aber drauf hörten sie den Schall eines Jägers nebst einer großen Hetze anreizender Hunde, woraus sich anfangs unser beide Jäger nicht viel machten, bis ihnen endlich aber doch der Mut entfiel, denn der Schall des herannahenden Treibers und das fürchterliche Lärmen und Getös ward immer größer; darauf kamen einige Hunde und endlich der ganz erhitzte Jäger selbst, welcher gespornet auf ein großes gesatteltes wildes Schwein saß und einen Wurfspieß in der Hand erhabend führte, recht als ob er einen von diesen Fremden damit durch und durch werfen wollte, da ihnen denn ihr Jagen gänzlich verging. Hierauf befragte sie dieser schnaubende Jäger: Woher habt ihr die Freiheit, in meinem Gehege Wild zu jagen? Sie wollten sich höflich exküsieren, daß sie nicht gewußt hätten, daß allhier ein Verbot sei, und daß es einzig und allein aus Pläsier geschehen; allein alle ihre Einwendungen, wie nett und verblümt sie auch solche vorbrachten, ihm zu überreden, daß sie eins versuchen möchten, um nicht gar leer auszugehen, wollten nichts verfangen, sondern mußten sich begnügen, ohne einigen Verzug zu reterieren. Des waren sie inniglich froh, weil sie so ungeschoren und ohne Schaden davongehen, auch ihr Hörnlein samt den Hunden behalten mochten. Sobald sie sich von ihm beurlaubt, liefen sie, was sie laufen konnten, daß sie wieder zu ihren Pferden kamen. Rübezahl ritte ihnen auf dem Fuße nach. Als sie sich wiederumb auf ihre Pferde geschwenket, nahmen sie alle von ihm völlig Abschied und ritten schleunig das Gebürge hinunter, ohne daß sie sich einmal umsahen, ließen jagen, wer da jagen wollte, begehrten nimmermehr, die Ehre zu haben, des Ortes ein Wildpret aufzujagen. Sobald sie herunter und auf eine Ebene waren, hielten sie stille, bis die Knechte mit den Winden herzukamen. Sie belachten ihre Jägerei und ritten, nachdem sie sich ein wenig erholet, wieder zu den Ihrigen. Diese beiden Herren haben es frei gestanden, daß (ob sie gleich niemals vor ein oder zwei Personen gewichen, itzo auch noch des Sinnes gewest wären) sie dennoch bei Rübezahls Ankunft so verwirrt worden wären, daß sie fast nicht gewußt hätten, was sie ihm auf sein Fragen vor Antwort geben sollten; und da er in sein Waldhorn geblasen, welches ihnen gedaucht fürchterlich anzuhören zu sein, wegen des besonderen Getös im Gehölze, wären Hasen, Füchse, Rehe und allerhand fremdes Wild vor und hinter den Hunden, auch um des Jägers Roß gesprungen, die mit ihrem Geheul und Geschrei ein großes Lärmen gemacht, daß sie auch nicht gewußt hätten, wohin sie sich wenden sollten. Wenn nachgehends diese beide Herren zusammenkamen und ihnen eine Lust machen wollten, fragte einer dem andern: Wollen wir bald wieder nach rarem Wildpret reisen?

3. Rübezahl schießet ein wild Schwein.

Es soll einmal ein armer Bauer über das Riesengebürge gegangen sein, welcher noch zu brocken noch zu beißen gehabt und ziemlich hungrig gewesen. Zu solchen ist der Rübezahl gekommen, in eines Jägers Gestalt, hat ihn beklaget und endlich zu Gefallen ein wild Schwein geschossen, daß der Hungrige sich davon ernähren und sättigen möcht, welches auch geschehen; indem noch zum Überflusse der Rübezahl das Schwein gekocht und ein Messer

zu verzehren darzu gegeben hat, welches hernach lauter Gold geworden.
Doch gnug.

4. Rübezahl jaget auch im Winter.

Unten am Gebürge soll ein schlechter Mann wohnen, der zu Sommerszeiten
diese Gewohnheit hat, daß er mit seiner Sensen aufs Gebürge gehet, allda das Gras abmähet und darnach an den Klippen in Hucken übereinander
leget, bis er im Winter mit einem Schlitten über den gefallenen Schnee füglich hinauffahren könne und alsdenn solches gewordene Heu zu sich herunter
bringe. Solchem Manne soll es ofte begegnet sein, daß der gedachte Geist ihn
in Gestalt eines Jägermeisters mit einem Pferde unvermutlich angerennet, daß
er sich drüber verwundert, woher er kommen möchte oder droben zwischen den
unebenen Felsen fortkommen könnte. Ja, es soll der Rübezahl bisweilen ihme
so nahe geraten und mit seinem schnaubichten Pferde über den Hals gleichsam
geritten sein, daß der Schaum auf den Achseln darvon kleben geblieben, darbei er denn auch gefraget: Was machst du hier? Resp. Ach Herr! ich habe
ein bißgen Heu geholet. Und hierauf war er denn immer fortgeritten der
Mann aber hatte sich nicht minder bald herunter nach Hause verfüget.

5. Rübezahl hat mit güldenen Kugeln geschossen.

Unlängsten hat es sich
zugetragen, daß etliche
Tischlergesellen über die Ri-
phaeos gereiset und in der
Ferne einen Jäger vernom-
men haben. Hierneben soll
alsobald ein Rehebock zu sie
gelaufen und verwundet in
dem Wege bei sie niedergefallen sein. Solches Wild
haben die Wanderer zu sich
genommen, angepackt und

sämtlich davongeschleppet. Aber siehe, was geschicht? Wie sie in die nächste

Herberge kommen und das Stücke Wild abziehen und zerschneiden, da finden sie drei große güldene Kugeln im Leibe. Doch gnug.

6. Rübezahl siehet wie ein Hirsch aus.

Ein Sattlersgeselle erzählete mir in kurz abgewichenen Tagen, daß er in Schlesien von Hörensagen hätte vernommen, wie einsmals etliche Leute einen erschrecklichen großen Hirsch auf dem Riesengebürge gesehen hätten, hinter welchen ein ganz Koppel kleiner Hirschlein hergesprungen wäre. Alle miteinander aber sollen sie gülden Geweihe gehabt haben, das in klaren Sonnenscheine aus der Maßen geglänzet und große Verwunderung auf sich geladen hat. Wie nun solche Leute, die zugegen gewesen, die Vision gehabt, so war einer drunter gewesen, der ein fix Rohr gehabt, damit er unter das Vieh tapfer losgeschossen und, dem Augenscheine nach, ein Stücke soll gefället haben: darnach er auch hingelaufen, solches aufzuheben. Aber wie er zur rechten Stelle kömmt und das Hirschelein gleich bei dem Felle kriegen will, siehe, da verschwindet es für ihm, und erblicket hingegen an der Erde einen großen Beutel voll Geld, drinnen hundert Dukaten mit einem Hirschgepräge, eines Schlages, gestackt. Die er zu sich gesteckt und keinen Menschen was davon gesagt gehabt, ehe er vom Gebürge herunter geraten und an seinen gewünschten Ort geraten gewesen; da er sein großes Glück unterschiedlichen beigebracht.

7. Rübezahl verwandelt sich in einen Wolf.

Wie vorweilen in einer Gegend am Gebürge eine Wolfsjagd angestellet ward, da werden die Leute unter andern einen sehr großen Wolf gewahr. Dem stellten sie auch fürnehmlich nach und wandten allen Fleiß drauf, damit sie das grausame Untier vor andern fällen möchten; und indeme läßt sich der Lycaon treffen und gleichsam darnieder schießen. Nach diesem kriegten sie solchen Wolf nebenst andern auf den Wagen, fahren ihn davon und vermeinen eine große Beute dran zu haben. Aber wie sie das Aas kaum auf einen Hof gebracht, da sehen sie, wie es kein Wolf mehr gewesen, sondern eine Gestalt des Satyri oder ein halber Mensch und halber Ziegenbock. Hierüber wird der Fuhrmann bestürzet und berichtet es seinen Oberherren, der ebenmäßig Beliebung bekömmt, das Wild zu schauen. Aber da war es miteinander verschwunden und nicht mehr da.

8. Rübezahl duldet keinen Hund auf dem Gebürge.

Dieses soll gar ein gemeines und allen bekanntes Ding sein, daß der Berggeist keinen Hund oben leide, weil er selber der einige Jäger sein will, der das Wild hetzet. Also soll es unlängst geschehen sein (wie ich diese Geschichte von einem glaubwürdigen Pfarrherrn aus der Schlesien mündlich in  Leipzig empfangen habe), daß der eigentliche Herr des Orts, nämlich der Herr von Schaffgotsch, seinem Jäger befohlen, er soll doch einen Hund zu sich mit hinaufnehmen, damit er einen Gehülfen bei der Hand hätte, so er ein Wild vermerken möchte: sintemal der Jäger sein Häuslein und Wohnung immer droben hat, aber keine Hunde halten und behalten kann. Was geschicht? Ob der Wildschütze sich gleich wegert und ofte verwendet, daß es vergebens sein würde, weil er ja niemals einen Hund litte, so hat er dennoch Ihrer Gnaden Befehl gehorsamt und einen wackern Windhund zu sich mit hinaufgenommen. Wie er aber droben gewesen, da war ihm ein Mann begegnet, welcher zweifelsohne der Riphäische Satyrus gewesen. Solcher war stockstille gestanden und hatte diesen vorübergehenden Windhund mit starrenden Augen eine lange Weile angesehen, bis der Jäger zu seinem Häuslein gekommen, da er solchen Hund in einem Stall bei sich versperret: aber wie er frühmorgens wiederumb darnach sehen will, da war kein Hund zu sehen noch zu hören gewesen, bis er am Tage ungefähr, indem er sonsten ausgegangen und Wild gesuchet, bald hie, bald da ein Viertel von seinem Hunde am Gebusche hangen siehet.

9. Rübezahl zerschmettert eine Kuhe.

Daß dieses Gespenste seine Wohnstätte wolle sauber und rein vor sich behalten oder aufs wenigste kein unvernünftiges Vieh daselbsten leiden, erscheinet auch aus folgender Historie: Da Anno 1656 von dem Vieh eines Schenken (oder Kretzschmars, wie es die Schlesier nennen), so unter dem Gebürge seine Wohnung hat, im Weiden ungefähr eine Kuhe von den andern abgeirret und allgemählich auf die Felsen hinaufgeklettert, auf die Schneeköppe geraten, woselbsten der Rübezahl sonderlich solle hausieren, da ist der Rübezahl also auf das arme Tier erbittert worden, daß er sie flugs in die Höhe gehoben, vom Berge heruntergestürzet und zu etliche 1000 Stücklein zerworfen hat.

10. Rübezahl fängt Fische.

Vor etwan vier Jahren seind ihrer fünfe Leinwebergesellen über das schlesische Gebürge gewandert, da haben sie ungefähr in der Ferne vermerket, wie ein schwarzer Münch nebenst noch andern vier Nonnen bei einem Teiche gestanden sein und teils mit dem Hamen, teils mit den Fischreisen sehr große Fische, fast wie Kälber groß, aus dem Wasser gezogen haben, welche das Gespenste allemal in die Höhe gehalten und die Vorüberreisende zugleich mit angeschrien hat: Kommet, kaufet! sie seind wolfeil! Aber jene Handwerksbursche hatten die Hinterlist bald gemerket, waren ihres Weges fortgegangen und hatten sich nicht irren noch zur höhnischen Gegenantwort verführen lassen. Da ihnen denn auch also nichtes widerfahren ist und der Rübezahl vergeblich sein Menschennetz ausgeworfen hat.

11. Rübezahl spielet einen Fischtanz.

Erst angezogener Sattlersgeselle sagte mir auch, daß er auf dem wohlbekannten Gebürge gewesen und droben Lustes halben spazieren gegangen, da er in dem schwarzen Teiche soll mit großer Bestürzung gesehen haben, wie bald ein ungeheurer Hecht, bald ein großer Karpe, bald eine mächtige Forelle, bald ein dicker Weißfisch rc. aus dem Wasser in die Höhe gesprungen und kunterbunte Tänze gemachet habe. Alle Arten Fische aber waren ihm fürgekommen, wie sie ganz güldene Schuppen gehabt hätten und silberne Floßfedern. Nach dem verrichteten Wassertanze da hätte er wahrgenommen, daß der ganze Teich obenwärts voll lauter Fische gestanden; welche untereinander gekribbelt und gewibbelt hätten, daß ihme die Haut bald drüber geschauret und er auch schnelle von solchem Spektakel weggelaufen.

12. Rübezahl fährt auf dem Schlitten.

Für gleichsam funfzehn Jahren ist es geschehen, daß ihrer sechs Personen auf dem Riesengebürge gegangen und auf einem Teiche (welcher zwischen hohen Felsen vom gesammleten Regen- und Schneewasser erfüllet geworden) den Rübezahl lustig mit einer Schleifen herumb fahrend gesehen haben, vom hohen Felsen herunter, da doch der Teich ganz nicht zugefroren und kein Eis darauf vorhanden gewesen ist: welches traun possierlich gnug mag zu sehen gewesen sein. Wiewohl den Leuten darbei nicht gar wohl zu Mute gewesen ist, sintemal sie sich eines Unheils besorget haben; welches aber außen geblieben ist, indem sie nichts von der Sache droben geredet noch des Rübezahls gedacht haben: als nur unterwärts, als sie vom Berge herab gewesen, da es sich befunden, daß sie solches Gespenste nicht sämtlich wahrgenommen hatten. Und also siehet man hieraus unter andern Folgerungen, wie der Rübezahl so trefflich glückselig sein müsse, daß er auch ohne Schnee und Eis übers Wasser aufm Schlitten fahren könne und sich nach Gefallen drauf erlustieren möge, zu welcher Zeit es ihm gelüste. Ach, wie wäre das ein gewünschtes Fressen für die lüsterne Schlittenfahrer, denen in manchem Winter der gefallne Schnee und das gefrorne Eis kaum tüchtig gnug zu der beliebten Lust ist. Da sollte der wundersame Rübezahl gar ofte stattlichen Dank verdienen, wenn er entweder recht-

mäßigen Schnee darzu machte oder aufs wenigste den Weg zum Schlitten-
fahren bequemete. Doch gnug hiervon.

13. Rübezahl reitet auf einem Wolfe.

Vor drei Jahren sind etliche Sauschneider über das Riesengebürge mar-
schiert und haben von ferne einen großen Wolf gesehen, welcher, wie er
etwas näher zu sie gekommen, einen jungen Menschen auf sich in die Quer hat
sitzen gehabt mit einem langen Spieße und Hahnsfedern auf dem Hute.

14. Rübezahl will itzund ein Waldweib vertreiben.

Es gebens die neulichsten Avisen, daß vor wenig Wochen sich auf der Schneekippe ein wunderbarliches Waldweib habe sehen lassen, welches nicht gar
groß und sonsten umb und umb mit grünen Moos verposamentieret ist. Hievon gibt man vor, daß es ein neu Gespenste sein soll, welches von einem Teufels-
meister daselbsthin anderswoher soll gebannet sein. Hiemit soll es ohn Unterlaß der Rübezahl annehmen, seinen Ort verteidigen wollen und sich greulich
mit der Bestie herumb kampeln. Da soll es wunderliche Sprünge geben, daß
es die Leute nicht gnugsam beschreiben können; da sollen sie sich zerschmeißen,
indeme der Rübezahl als ein alter Gast seine vorige Residenz alleine beherr-
schen will, das Hängersweib aber sich auf die Anweisung verlässet, sich auf die
geschehene Zueignung berufet und immer saget: Herunter, du alter Hund!
packe dich, du verschrumpfelter Abgott! trolle dich, du Gaißmann oder Satyre!
Hierauf soll er anheben und sagen: Schweig, du Mutz, oder ich will dir deinen
moosichten und moskowitischen Belz zurlausen! Und indem soll er hinter sie
her sein, und sie nicht minder wider ihn: da soll es an ein Turnieren gehen, daß
alles knistert und knastert. Und also wird es hier einmal wahr, daß ein Teufel
sich wider den andern erhebet, sie einander die Kolbe lausen und uneines werden.
Doch gnug von diesem Duell.

15. Rübezahl überwindet einen unterirdischen König.

Man will ingemein wenig davon halten, daß es auch unter der Erden solle
Leute geben, welche ebenmäßig ihre Regimentsarten haben; doch überzeuget folgende Geschichte die Zweifelmütigen und will die Sage mit der Er-

fahrung bekräftigen. Nämlich, es soll vormaln ein Handwerksbursch über das
Gebürge gewandert sein, da es unterwegens sich begeben, daß der Rübezahl
in einer unbekannten Gestalt zu ihm gekommen oder auf einen großen Ochsen
oder Brümmer zu ihm geritten; davon er balde herunter gestiegen und sie mit
einander unversehens bei ein unerhörtes tiefes Erdenloch zu stehen gekommen,
welches der Rübezahl vorher ausgegraben gehabt. Hierbei hat er den Reise-
gesellen mitsamt dem Ochsen stille stehen heißen, sagende: Halt mir hie meinen
Brümmer und weiche nicht von dannen! Denn ich habe allhier unter der Erde
mit einem grausamen Erdenkönige zu tun, welcher mir eines Teils von meiner
Revier unlängsten hat wollen einnehmen, dafür ich ihn jetzt, oder er mich, lohnen
will. Unterdessen bleib du allhier behalten; und wenn du vermerkest, daß eine
Gans herausfleuget, so ist die Sache bald gut und habe ich gewonnen Spiel:
Wirstu aber inne werden, daß eine Eule aus dem Abgrund hervorkommt, so
nimm Reißaus und reite mit dem Ochsen immer vor dich weg, so weit als du
kannst, denn ich werde alsdenn das Feld verloren haben. Und hierauf hatte
der Gesell dem Rübezahl die Hand geben müssen, welcher darnach in den greulichen Abgrund gesprungen ist: daraus er mit Verwunderung ein schreckliches
Geschrei gehöret von Trommeln und Trompeten, also, daß dem guten Kerl
die Haare zu Berge gestanden; wie er denn auch hierbeineben seines Lebens
nicht sicher gewesen, indem der Ochse so tyrannisch ausgesehen, gebrüllet, mit
den Hörnern in die Erde gestutzt und mit den Pfoten in das ausgegrabene
Erdreich dermaßen gescharret, daß er schier innerhalb zwo Stunden die ganze
Grube erfüllet und, wann es noch hätte länger sollen währen, alle Erde zu ihrem
vorigen Ort gebracht hätte. Doch war es endlich geschehen, daß die Gans her-
vorgefladdert gekommen und darauf der blutrünstige Rübezahl erfolget, sprechende: Nun ist die Sache richtig und habe ich meinen Widersacher in tausend
Stücken zerhauen. Du aber, weil du mir so lange aufgewartet und meinen
Klepper gehalten, so nimm das eine Ochsenhorn zu dir; und indeme hatte er
seinem Brümmer das eine Horn aus dem Kopfe gezogen und dem Handwerks-
gesellen gegeben, welcher damit in Eile weglaufen mußte. Aber merke, daß
solches Horn sich eine Stunde oder etliche zu tragen der Mühe noch wohl verlohnet gehabt: weil der Bursche befunden, daß es hin und wieder mit Golde
ausgeleget und ein köstlich Trinkgeschirr gewesen, welches vielleicht die alten

Teutschen gebrauchet und der Rübezahl von sie geerbet gehabt. Solches hörnern Gefäß soll hernach auf eine vornehme Kunstkammer gekommen sein, da dem Gesellen funzig Reichstaler darvor gegeben worden. Und also hat sich dieses Horntragen noch wohl bezahlet gemacht und der Ochsendienst sich der Mühe ziemlich verlohnet.

16. Rübezahl hat einen Kampf mit dem Meerkönige.

Vor Jahren soll ein schlechter Arbeitsmann über das Riesengebürge gegangen sein: da ihm unterwegens der Rübezahl mit einem Pferde begegnet und drumb angesprochen hat, daß er mitgehen, das Roß halten und ihm eine Weile dienen solle. Was hat der Mann tun können? Er hat mitgemußt, und ist der Rübezahl drauf samt ihme und dem Pferde nach dem einen Teiche hingewandert, welcher unerhört tief soll sein und sich nicht gründen läßt, da er ein stillstehendes pechschwarzes Wasser hat. Hiebei hat er (der Rübezahl) jenem Mann sein Pferd zu halten anbefohlen, sprechende: Ihr halt' mir mein Roß und bleibt so lange stille damit bestehen, bis auf weiter Bescheid. Nämlich ich habe allhier mit dem Wasserkönige, der drinne regieret, einen heftigen Krieg zu führen: Wirstu nun, nachdem ich eine Weile vorher hineingesprungen gewesen, vermerkend, daß etliche Blutstropfen heraufwärts brudeln, so gedenke, daß die Sache an meiner Seite gut sei und ich die Oberhand erhalten habe; derentwegen bleib du so lange behalten, bis ich sieghaftig hervorkomme. Wirstu aber sehen, daß etliche Blasen aufstoßen, so ist es unklar; da nimm dieses Roß und reit, so viel und weit du immer kannst, es soll dir nichts widerfahren und du sollst das Pferd behalten. Hierauf war der Rübezahl ins Wasser hineingesprungen; jener aber hatte mittlerweile gedacht, ich will es doch ja sehen, wo es hinaus will und was endlich draus werden möchte. Doch hat es sich eine Weil drauf begeben, daß über die See etliche Blutstropfen waren hervorgeschwommen, drauf nach kurzer Weile der Rübezahl selber herausgesprungen, sehr blutig, erboßet und grimmig ausgesehen, sprechende: Nun ist auch endlich dieser Feind überwunden, und bin ich also ein General und vollkömmlicher Herrscher dieses großen Gebürges. Du aber nimm vor deine Aufwartung diese Pferdsäpfel in deinen Kober und gehe damit deines Weges davon. Und indem hilft er den Kober aufmachen, den

Pferdemiſt miteinander hineinſchütten und läßt den Narren mit dem Quarge
davonſchleichen; welcher aber aus Unbeſonnenheit eine Weile hernach den Miſt
hinweggeworfen und als ein nichtiges und ſchändliches Ding aus ſeinem Kober
herausgeſtöbert und damit leer nach Hauſe geſpazieret iſt: da er aber eigent=
licher befunden, wie er ſolchen ſeinen Kober zum andernmal viſitieret, daß noch
viel gediegen Gold hin und wieder an den Seiten behängen blieben: dadurch
er nicht allein iſt veranlaſſet worden, dem Rübezahl für die Freigebigkeit zu
danken, ſondern auch zugleich den Verluſt des verſchütteten Pferdemiſtes zu
bedauren. Und wiewohl er wieder umgekehret hat, ſolche jacturam wieder zu
erholen, ſo iſt es doch verhauſet geweſen, und iſt im geringſten zu nichts wie=
derumb gekommen.

17. Rübezahl läßt ſeinen Garten nicht berauben.

Einsmalens kommen
vier Walloner zu dem
Krebſe, welcher unter dem
Gebürge wohnet, bitten
ihn, er wolle mit ihnen in
das Gebürge gehen, ſie
wollten ihm ſeinen Willen
darumb machen. Er fragt
ſie, was ſie in dem Ge=
bürge ſuchen wollten. Sie
ſagten, Wurzeln und Edel=
geſteine wollten ſie ſuchen,

unter andern auch die rechte Springwurzel. Hat der Krebs zu ihnen geſagt
und ſie treulich gewarnet, ſie möchten ſuchen, was ſie wollten, aber die Spring=
wurzel ſollten ſie mit Frieden laſſen; denn der Herr des Gebürges ſolche vor
ſich hätte, er gebe ſie auch keinem nicht, als wem er wollte. Sie antworteten,
deswegen wären ſie eine weite Reiſe gezogen, ſie wollten es wagen auf ihr
Verantworten und Gefahr. Er warnet ſie noch einmal treulich, wollen aber
nicht folgen; ſondern einer unter ihnen nimmt die Hacke, und als er den erſten
Hau tut, ſo fället er ſtracks darnieder, iſt kohlſchwarz und iſt des gähenden

Todes. Die andern drei erschrecken und glauben dem Krebse, der sie gewarnet, gehen mit ihme und suchen andere Edelgesteine und begraben ihren guten Gefährten.

18. Rübezahl gehet unbarmherzig umb mit einem widerspenstigen Wurzelmanne.

Es war ein Wurzelmann, der trug allezeit Kräuter und Wurzeln in die Apotheken; derselbe hat den Weg zu des Geistes seinen Wurzelgarten gewußt: es heißet der Teufelsgrund, darinnen hat er seinen Garten und seine sonderliche Kräuter und Wurzeln; dieselben bekommt kein Mensch von ihme, er gebe sie denn gutwillig: will er sie mit Gewalt oder durch conjurationes bekommen, so muß er der Sachen perfekt sein, oder er bricht ihme den Hals oder hat sonsten groß Unglück darvon. Auf eine Zeit bringet dieser Wurzel= mann etliche Wurzeln in die Apotheke zu Liegnitz. Zur selben Zeit lieget der Oberste Lyon als ein Commendant in der Stadt: dessen Frau lässet den Wurzelmann zu sich kommen und verspricht ihm ein großes Geld, wenn er ihr würde die rechte Weißwurzel bringen, welche in demselben Garten wüchse. Der Mann gehet hinaus, gräbet; Ronzival kommt zu ihm, fraget, was er grübe? Er saget, er wäre ein arm Mann, hätte viel unerzogene Kinder, er müßte sich von Kräutern und Wurzelsuchen erhalten. Der Geist saget, er hätte solcher Sachen genung im Gebürge, er sollte ihm seinen Garten mit Frieden lassen; doch was er hätte, sollte er behalten, aber nicht mehr wiederkommen. Der Mann bringt der Obristin Lyonin was von dieser Wurzel, welche sie ihme teuer genug bezahlet hat; aber wo er deren mehr könnte haben, sollte er zuschauen. Dieser gehet wieder zum andern Mal hin und gräbet; Ronzival kommt wieder und spricht: Was machst du? Ich habe dirs verboten, du sollest nicht mehr wiederkommen; so siehe, was ich mit dir machen will. Der Mann gehet und bringet der Frau Obristin wieder was, welche sie ihme noch teurer als die ersten bezahlet. Der Mann bekommt ein Herze, gehet zum dritten Mal wieder hin und gräbet. Der Geist kommt und fraget, was er mache, er hätte es ihme verboten, er solle nicht wiederkommen; nimmt ihme die Hacken aus der Hand, dieser holet sie wieder und hacket. Der Geist sagte, er sollte auf= hören zu hacken, es wäre Zeit. Dieser hacket immer frisch zu. Er nimmt ihme die Hacke und wirft sie weg. Er will solche wiederholen. Als er nach der Hacke greift, so nimmt ihn der Geist und reißet ihn zu Stücken, und führet sie in der Luft hinweg, daß nichts mehr als ein Belzärmel darvon dar ist, welchen sein Sohn, ein Knabe von 13 oder 14 Jahren, der mit ihme gewesen, zurückgebracht; solchen habe ich mit Augen gesehen.

19. Rübezahl gibt Schlangen für Wurzeln.

Es hat einmal ein unbescheidener Wurzelmann den Rübezahl angefahren, er solle ihm, sofern er ein vielwissender Geist wäre, ausbündig gute Wurzeln verschaffen für das Podagra. Hierzu findet sich der Rübezahl nicht faul, saget: Ja, ich will dir gute Mittel darwider schaffen. Und indem übergibt er ihm einen ganzen Arm voll langer schwarzer Wurzeln. Diese nimmt der Mann zu sich und leget sie in einen großen Kober und gehet damit vom Berge herunter, verhoffende: er werde nunmehr ein gewisses remedium wider den Podagrischen Kützel bei sich haben, die Leute kurieren und hübsch Geld verdienen. Aber siehe: wie er seinen Kober aufmachet und einen Bettlägerigen wider das Podagram eine Wurzel liefern wollte, da waren es lauter lebendige Schlangen, welche in großer Furie heraus sprungen und meistenteils dem Wurzelmanne nach seinem Kopf trachteten und tödlich verwundeten. Über solches Spektakel erschrak der Podagricus von Herzen sehr und kriegte, vermittelst dieser Bestürzung, hurtige Füße zum Laufen, sprang in hurtiger Eil aus dem Bette und lief und rief, wie ihn der Teufel schlüge; ja, er kriegte auch hernach sein Lebelang das Podagram nicht wieder. Ei! eine fürtreffliche Kur, drüber der Patiente geneset und der Arzt das Leben einbüßete!

20. Rübezahl kann seinen Namen nicht leiden.

Es gehen fast alle Possen und Begebnüsse dahin, daß sie wegen Benennung des unleidlichen Wortes Rübezahl verübet und ins Werk gesetzet werden. Ja alles, was man höret, das dieser Geist schädlich stiftet, solches soll herrühren aus diesem Grunde, daß die teils albere oder unwissende, teils auch fürwitzige Leute den Namen Rübezahl aus dem Munde würklich ergehen und auf dem Berge von sich hören lassen. Es ist mir nicht einmal, sondern vielmal erzählet, daß das versuchende Gespenste unterweilen mit Fleiß sich zu den

Wanderern verfüge, solche nur auszuholen oder seinen unangenehmlichen Namen von sie herauszulocken: damit, wenn es geschehen, eine richtige Ursache sei, ein Ungewitter zu erregen oder sonsten ein Schelmstücke zu stiften.

21. Rübezahl drehet einem das Genicke umb.

Vor etlichen Jahren soll ein Studiosus Medicinae mit Fleiß auf das Riesengebürge gegangen sein, allda Kräuter und Wurzeln zu sammlen: und indeme er in der Sache begriffen gewesen, siehe, da soll Rübezahl drüber zu Maße gekommen sein, etwa in eines Bauren Gestalt, fragende, was er wolle. Resp. Ich habe mir sagen lassen, daß allhier gute Kräuter anzutreffen sein, welche ich zu meinem Studium dienlich schätze. Weme meinestu aber, daß diese Revier zustehe? Resp. Ich weiß eigentlich nicht. Und mit solchen Worten hat sich jener Studente gar lange entschuldiget, ungeachtet, daß Rübezahl immer drauf gedrungen, zu sagen, weme das Gefilde zukomme; doch ist er endlich drüber weggegangen und hat den Burschen verlassen. Drauf soll dieser Bursch zum andern fürüberreisenden Leuten genahet sein, indeme er herbatum gegangen: diese haben dem Fragenden geantwortet, daß er jo bei Leibe dem Geist, welcher ihn vorher geprüfet, bei seinem eigentlichen Namen nicht nennen sollte, wenn er wieder käme. Was geschicht? Wie dieser kurioser Studiosus noch immer seine Botanik exkoliret, da kömmt der Rübezahl zum andernmal wieder und läßt sich mit folgenden Worten heraus: Nun, wie gehets? Findstu was Guts vor dir? Resp. Ja, ich ertappe allerhand beliebliche Sachen. Weme meinestu aber, daß dieser Platz zu eigen sei? Resp. Ich weiß es eigentlich nicht. Wie er aber immer mehr und mehr drauf gedrungen, da soll endlich sich der Student verschnappet und ungefähr gesaget haben: Die Leute berichten mir, daß derselbe Rübezahl heiße, der ihme dieses Gebürge zuschreibet. Und hiemit hat er ihn bei der Kähle gekriegt und den Hals umgedrehet: wie ihn die vorigen zurückgekehreten Wandersleute kurz hernach tot liegend angetroffen haben. Ach, behüt einen der liebe Gott für dergleichen Fürwitz, daß man dem mißtreuen Geiste nicht zu nahe komme, etwas von seiner Klause hole, ihn zu sehen begehre oder seinen Namen allda über die Zunge fahren lasse! Doch gnug.

22. Rübezahl verschafft einigen Soldaten auf ihr Spotten und Fordern ungestümes Wetter.

Im Jahr 1660 ritten einige Soldaten über das Gebürge. Weil sie nun viel von des Rübezahls Betrieb erzählen gehöret, wie die, so ihn geschimpft und herausgefordert, wären abgewürzt worden, konnten sie gleichwohl ihre Possen nicht lassen, meineten, es wäre an der Sache wenig oder gar nichts. Sobald sie ein gut Teil des Gebürges hinüber mit schönen klaren Wetter zurückgeleget hatten, vermeinten sie, gewonnen zu haben, da es nunmehro bergab gehe, fingen drauf aus Fürwitz an, dem Rübezahl zu spotten, und schrieen: Komm hervor, Rübezahl du Eisenfresser! laß deine schöne Künste auf deinem Gebürge sehen, du Lumpenhund, du Schweinhirt! so du vermagst, tue uns was, hast du Kurage! So unvergleichlich angenehmes Wetter es gewesen, soll sich doch in geschwinder Eil ein groß Ungestüm über sie erhoben haben, mit Platzregen vermenget, daß diese vermessene Landsknechte kaum mit dem Leben davon kommen sind, indem es so stark mit Wassergüssen auf sie losgebrauset hat, daß auch die Pferde bis unter die Bäuche im Morast und Wasser zu gehen kamen und hindurch schwimmen mußten, etliche mitsamt den Pferden stürzten, und kamen mit Kummer und Not wieder zusammen. Diese Schnarcher mußten erfahren, daß kein Rübezahlsspötter ungestraft entronnen: wie man denn solche Bestrafung unzählbar von denen nahe am Gebürge wohnenden Leuten gehöret, daß sie für dergleichen Verhöhnung fast allemal vom Ungewitter sein nachdrücklich geplaget worden.

23. Rübezahl strafet seinen Lästerer.

Man erzählete mir auch, wie einer mit Namen Michael Hehrhold, der noch itzund am Leben ist und zu Bautzen sich aufhält (welcher auch allhier aus Leipzig seine Frau geheiratet hat 2c.), vor Jahren mit andern Burschen aus Schmiedeberg auf dem Gebürge gewesen sei, sich droben lustig gemachet und guter Dinge gewesen, teils weils die Compagni so mit sich gebracht, teils auch, weil das schöne und beständige Wetter nichts anders hat wollen zulassen: drüber obgedachter benannter kurzweiliger Mann so nichtig und verwegen geworden, daß, wie er nunmehr vom Berge ohne Anfechtung herunter gewesen und schier zu Kirsdorf mit den Seinen angelanget, er in diese Worte herausgebrochen: Nun, du Rübezahl, ich habe mein Lebtage viel von dir gehöret, daß du treffliche Possen könnest machen, aber ich habe es noch allbereit von dir nicht erleben können, daß ich auch etwas von dir gesehen hätte; darumb schere dich heraus, du Schelm, du Dieb, du Hundsfutt, und lecke mich hie im Arsche! Drüber er denn seine Hosen vom Fetzer heruntergezogen und den bloßen Hindern zum Berge hinauf geweiset. Aber höre, wie es ihme belohnet wird: kaum hatte er seine Hosen wieder mögen hinaufziehen, da war ein ungeheures Wetter erfolget, mit solchem Donner, Blitzen, Krachen und Platzregen, daß sie nicht anders gedacht haben, es würde der Jüngste Tag kommen; ja, er soll noch Gott mit den übrigen gedanket haben, daß sie dem Ungewitter lebendig entronnen sein und in eine Beherbergung geraten. Das heißet, man soll den Hänger nicht an die Wand malen, er kömmt wohl selber. O, wie vielen hat der Luftfürste also abgegeben, die ihn geäffet haben! Denn niemand ist ungerochen sonderlich davon gekommen, der ihn in seiner Nähe, bei und auf seiner Klause, beschimpfet hat: wie solches häufige Ausgänge gnugsam bezeugen. Doch gnug.

24. Rübezahl setzet einem eine lange Nase an.

Im nächsten Dorfe am Gebürge soll vor diesem ein Bauerhache oder Pferdelümmel vielmal auf den Rübezahl geschmälet haben, daß er ihn einmal verführet und auf den Irrweg gebracht gehabt. Über dieses Gefluche soll auf eine Zeit der ungedultige Geist zumaße gekommen sein und den unbescheidenen Rülpsen gefraget haben, ob er denn sein Lebelang nicht mehr zu Rübezahlen zu kommen gedächte: als der sich vielleicht noch weiter rächen würde, dieweil er auf ihn so stänkerte und lästerte? Drauf soll der Ochse gesaget haben: Was schier ich mich umb den Rübezahl; er soll lange warten, ehe er mich wieder habhaft werde oder ich zu ihm nahe. Drauf hat der Rübezahl zur Antwort gegeben: Wie, wenn er denn einmal zu dir käme und deinen Lohn mitbrächte? Und hiemit hat er ihn (den Knecht) an sein Dampfhorn oder des Kopfs Feuermäuer gegriffen und wacker gezerret, bis er einen hübschen großen Nasenpöpel, einer halben Ellen lang, heraus gebrocket und den Flegel damit umb seine Brotfutze geschmieret gehabt, und endlich hiemit verschwunden. Dem Knechte aber soll hernach allezeit gedauchet haben, daß er wahrhaftig so eine lange Nase hätte, daß er drüber fallen möchte, wenn er sie nicht aufhübe.

25. Rübezahl macht einer Magd einen Ziegenbart.

Vor wenig Jahren hat eine Magd hart am Berge gegraset, so etwan aus dem nächsten Dorfe gewesen. Indeme sie auf der Wiese ihres Tuns abwartet und das Gras herunter sichelt, so singet sie darzwischen allerhand possierliche Liederlichen vom Rübezahl (ei, ei, wer dieselben auch hätte, der könnte hören, wie sie klingen. Nimm du aber dieses hieraus, daß die Sache vom Rübezahl in Schlesien so gemein sei, daß man Sprichwörter und Reime davon macht ꝛc.). Indem nun also diese Magd in dergleichen Andacht begriffen, siehe, da kömmt der Rübezahl in eines Bauren Gestalt zu sie, fraget, ob sie vom Rübezahl nichts gehöret hätte? Und ob sie ihn gerne sehen möchte? Er wollte ihr ihn gleich zeigen. Drauf soll die Magd gesprochen haben: Nein, ich begehre ihn nicht zu sehen; wer weiß, was er mir zum Schabernacke tun möchte. Und indem greift der Rübezahl ihr an den Kinn und gehet davon. Wie nach diesem die Magd mit ihrer Hucken Gras in das Dorf gegangen, da lachen sie alle Leute aus und fragen, wo sie zum Ziegenbart gekommen wäre. Die verhöhnete Magd greift ihren Kinn in die Quer und in die Länge an und bespiegelt sich bald unten bald oben, teils in ihrem Dreihellers-Spiegel, den ihr der Knecht vergangene Messe gekauft hatte, und findet kein Arschhaar vom Barte an ihre Schnauze, wie lange sie auch damit zukehre gehet, denselben, da sie mit verwirret worden, selber zu schauen. Immittelst bliebe es dennoch aber dabei, daß sie alle Bauerhachen Klaus und Hans ꝛc. aufzogen, daß sie einen stopflichten Ziegenbart hätte. Nämlich, sie hatten eigentlich solchen Bart umb ihre Gosche vermerket, nachdem sie der Rübezahl auf der Wiese gezeichnet und an das Kinn gegriffen hatte: da sie denn auch ihr Lebelang sich also hat mit dem gemachten Bart schleppen müssen, ungeachtet, daß sie nichts davon gewußt hat. Sehet, also hat mancher was und weiß selber nichts drüm. Viele haben Hahnreis Hürner und haben sie ihr Leben lang nicht begrabbelt; viele haben Schwäger und haben sie niemaln also geheißen noch dafür erkannt. Also hat auch diese Magd ihren stutzhaftigen Ziegenbart, ob sie es schon selber nicht glauben noch merken kunnte. Sie ging damit zu Bette, sie stand damit auf. Sie melkete damit (mit der Hand meine ich, doch mit einem Ziegenbarte ausgestaffieret) die Böcke, die Kühe wollt ich sagen. Sie ging damit (mit ihren Pfoten meine ich, doch war der Ziegenbart nicht über drei und sechs Spann davon) zu Markte. Sie ging damit zum Tanze und sprang bald viertel- bald ellenhoch damit herumb, und ob sie ihn schon nicht striche und betappete, so kriegten sie die Knechte dennoch dabei und trieben ihr Gelächter mit sie, bis sie endlich gar zur Närrin ward. Lasset mir das eine barbatam venerem sein und ehrbare Jungfer. Das beste ist hierbei, daß sie ihn nicht durfte putzen lassen und ein übriges Geld auf ein Schermesser wenden. Er nahm nicht ab noch zu, sondern blieb allzeit in einer Größe. Doch gnug von dieser Bart-Ilse; ich begehre nicht ein Haar weiter von sie, sondern will ihren Ziegenbart hinführo ungeschoren lassen.

26. Rübezahl bildet einem Eselsohren ein.

Vor eilf Jahren soll ein Häscher aus Schmiedeberg dem Rübezahl verunglimpfet und ihn übel nachgeredet haben. Drauf soll es sich erzeiget han, daß der Galgenschwengel einmal aufs Gebürge gekommen, da ihn der Rübezahl ertappet und seine unnütze Schnauze also eingetrieben hat. Nämlich er soll ihn gefraget haben, ob er von Rübezahl nicht was gehöret hätte; drauf soll der Rübezahl den eilfertigen gribhominem bei der Kartause gekriegt haben, sagende: Halt Bruder, hastu keine Ohren? ich will dir ein paar Horchlöcher machen, daß du es dein Lebtage nicht vergessen sollst. Und wiewohl dieser Ge-

demütigter keine Veränderungen eigentlich an seinen Ohren verspüret, so ist
er doch andern Leuten sein Lebelang nicht anders fürgekommen, als wie er ein
paar ungeheure Horchtauben hätte, als aller Hasen Großmutter, und ist auch
auf diese Weise unaufhörlich damit gedrillet worden, bis daß er sich auf aller=
hand Mittler besonnen, damit er das Midaswerk verdecken und unkenntlich
machen möchte. Aber es hat nichts darwider wollen helfen: ob er gleich noch
so eine große Parücke gebrauchet, einen breiten Hahnreis=Hut zugeleget oder sich
sonsten umhüllet gehabt, so sind doch die beiden Ohren über alle Maße auf
beiden Seiten über halb Ellenslang herausgestanden oder männiglich vorge=
kommen, daß es unmöglich gewesen, sich dafür zu verbergen. Doch ist endlich
vermerket worden, daß sich das Ding verloren, wenn er seine eiserne Sturm=
haube aufgesetzt und darneben den Häschersflegel auf die Schulter genom=
men. Welches er denn täglich, ja stündlich getan und sich in erklärter Positur
immer wie ein gewappneter Stutzers=Monsieur hat sehen lassen.

27. Rübezahl nimmt eine Gestalt etlicher Flegel an.

Es hatte vor etlichen Jah=
ren ein unbescheidener
Bauer auf den Rübezahl
vielmal geschmälet, solchen
bezahlte der beleidigte Geist
auf folgende Art. Näm=
lich, wenn der Bauer mit
seiner Drescherbursche in die
Scheuren gegangen war,
das Korn auszuschlagen, da
konnte keiner die Flegelklöp=
pel oder Bolzen niederschla=
gen, sondern sie blieben all=
zeit in der Höhe und schrieen Hundsfutt. Drüber einer den andern ansahe,
und vermeineten, es täte ihnen einer unter ihnen diesen Schabernack; liefen
bald zusammen, schmissen und prügelten sich erbärmlich ab, daß sie mehr
Blutstropfen aus dem Leibe als Körnlein aus dem Strohe brachten. Im=

mittelſt ſchriee der Rübezahl noch immerfort ſein Hundsfutt, und fing in
Geſtalt der Dreſchflegel auf die Bauren loszuprügeln, daß ſie wie die när-
riſchen Ochſen aus der Scheuren liefen und froh waren, daß ſie nur von den
Flegeln erlöſet worden: da ſonſten im Widerſpiele die Flegel luſtig ſein und
triumphieren, daß ſie aus ihrer Tribulierer Fäuſte entrinnen.

28. Rübezahl verwandelt ſich in einen Botenſpieß.

Es ſoll einsmals ein Bote den Rübezahl geſchabernacket haben, welcher ſich
auf ſolche Art gerächet und ſeine Scharte ausgewetzet hat. Nämlich, wie
dieſer Bote auf dem Gebürge in eine Herberge eingekehret geweſen und ſein
Spieß hinter die Türe geſetzet gehabt, ſiehe, da ſoll der ſchnakiſche Geiſt den-
ſelbigen Spieß weg partieret und ſich in ein gleiches verwandelt und darge-
ſtellet haben. Wie alſo der Bote, nach geſchehener Ausruhung, abgereiſet und
ſein Spieß hervorgeſuchet, auch damit alleweile auf dem Wege geweſen, da
gleitet er etlichemal aus, daß der Bote ohn Unterlaß für ſich mit der Naſe
in den ärgſten Dreck fällt und ſich wie eine Sau beſudelt. Ja alſo ofte war
es geſchehen, daß der Kerl ſeinem Leibe kein Rat gewußt, wie er mit ſeinem
Spieße dran wäre und warumb es ſo ausgelippert oder in der Erden nicht
haften wollte. Er beſiehet es in die Quer und in die Länge bald unten bald
oben, und findet keine geſuchte Veränderung. Gehet drüber mittlerweile ein
wenig weiter fort, budutzt liegt er abermal in Moraſt: und ſchreiet ach und
weh über ſeinen Spieß, daß er ihn ſo verließ und keine Hülfe verhieß. Doch rich-
tete er ſich aufs neue empor und kehret den Spieß umb auf der andern Spitze:
wie dieſes geſchehen, da fällt er allemal rücklings in den tiefſten Dreck; und
hatte er vorher ſich vorne beſchmutzet, ſo beſcheißt er ſich nunmehr hinterwärts
noch ärger und ſiehet wie ein leibhaftiger Miſthammel aus, der dem Hänger
aus der Bleiche entlaufen. Drauf nimmt der albere Schöps ſein Spieß auf
den Nacken wie ein Pikenier, weil es ſo auf der Erden kein Guts tun wollen,
und gehet alſo wie ein rechter Finkenritter daher; doch läſſet der ſpießbare
Rübezahl dennoch ſeine Hudelei nicht, ſondern drücket den Boten, als wenn
er etliche doppelte Hocken trüge, und dannenhero von einer Schulter zur andern die verſpürete Laſt hebet, bis er endlich aus Unleidigkeit den ungearten
Spieß in des böſen Feindes Namen wegwirft und bloß davon gehet. Aber

wie er etwan eine viertel Meile also unbespießet gereiset und sich ungefähr ein=
mal umsiehet, siehe, da lieget sein Spieß bei ihm: drüber er sehr erschricket
und nicht weiß, wie er dran ist. Er fasset dennoch endlich getrost zu, hebet den
Spieß auf und weiß nicht, wie er sich ferner damit gebärden soll. Daß er ihn
an die Erde setzete, hat er keine Lust mehr; daß er ihn auf den Puckel fassete,
trug er einen Abscheu: drumb nahm er ihn in die Hand, also daß er ihn mit
der Erden parallel trug. Aber, siehe abermal, da wird ihm desselben Seiten
Fuß so schwer, daß er ihn nicht aus der Stelle bewegen vermochte; und wie=
wohl er umwechselte aus einer Hand in die ander, so wollte es doch nicht
anders werden, sondern blieb bei der alten Geige. Drauf nahm er es noch auf
eine andere Weise mit seinem Spieße vor: nämlich er ritte drauf, wie ein Kind
auf den Stecken. Und auf diesem Schlag ging es vonstatten, wie es ge=
schmieret wäre: nämlich er kam eilends fort, fühlete keine Müdigkeit, und
dauchte ihme nicht anders, als wenn er ein schnelles Roß oder Beifuß unter
sich hätte. Er ritte aber ohne Aufhören also immer fort, bis er vom Gebürge
in ein Städtlein kam und den Bürgern ein sonderliches Gelächter erregete.
Hatte dieser Bote sich nun also vorhero wacker leiden müssen, so war er den=
noch zuletzte wiederumb erquicket worden; und getröstet sich nunmehr eben
derselben Erquickung in den andern bevorstehenden Reisen: da er allemal auf
sein Spieß zu reiten gesonnen war. Aber vergeblich: denn der Rübezahl hatte
seinen Lauf vollendet und seine Lust mit dem Narren gebüßet; drumb er sich
aus dem Staube machete und das wahrhaftige Spieß unvermerket wieder zu
Wege brachte, welches keine Possen mehr machte, sondern auf die alte Manier
wie ein ander Spieß sich mit seinen Herrn verhielte.

29. Rübezahl erlöset
einen Schuhknecht auß dem Galgen.

Es erzählte mir unlängst ein guter Freund aus Breslau, daß ein klein Städt=
lein etwa zwo Meilen vom Riesengebürge gelegen sei, daselbsten soll sich
ein Schuhknecht bei seinem Meister aufgehalten haben, der in Gewohnheit
gehabt, gar ofte nach dem Gebürge hin zu spazieren, wenn er mit seiner Ge=
sellschaft einen guten Montag gemacht gehabt. Nachdem er aber ein lustiger

Kopf und verwegener Kumpe gewesen, so soll er sein Vexieren mit dem Rübe=
zahl nicht haben lassen können, sondern soll ihn ohn Unterlaß angefochten,
herausgefordert und sonsten verschimpfieret haben. Unter andern Schmäh=
wörtern aber hat er den Berggeist stets zur Verhöhnung einen Rübenschwanz
genannt, sagende: Schier dich runter, du Rübenschwanz, und laß sehen, was
du vor Künste kannst! Mit diesen und andern losen Worten mehr soll der
grobe Gesell den Bergherrscher vielmals geäffet haben, welches denn der Geist
allezeit schmerzlich befunden und nach seiner alten Manier stets ein Wetter
deswegen erreget hat, dem giftigen Spottvogel auf seinen Kopf zu bezahlen.
Aber weil jener Verleumder niemals aufs Gebürge selbsten gekommen, son=
dern allezeit unten geblieben, da des Rübezahls Gebiete aufgehöret oder sich
kaum so weit hinaus erstrecket, so hat er seinem Widersacher wenig abzuhaben
vermocht mit solchem erregten Donnerwetter oder Platzregen. Doch ist den=
noch der erzörnete Berggott auf eine andere Rache auszuüben oder Hinterlist
zu stiften bedacht gewesen, welche er auch auf folgende Art ins Werk gesetzt.
Nämlich, wie der Schuhknecht von seinem Meister Abschied nehmen und von
hinnen anderswohin wandern wollen und hierzu sich allerdings fertig gemacht,
auch mit seinem Felleisen, da er hinein gesteckt, was etwa nur sein Eigenes
gewesen – der Rübezahl aber hat nachdem etliche Sachen aus des Schusters
oder Meisters Kasten heimlich genommen, nämlich einen silbernen Becher, et=
liche silberne Löffel, samt nicht wenigen schönen Schaupfennigen, und hat
solches alles unvermerkt in des Reisefertigen Felleisen gepartieret; darmit auch
der Schuhknecht auf= und darvongegangen, bis nicht lange hernach, zweifels=
ohne aus Eingeben des Rächers, der Schuster seinen Raritätenkasten oder
Kleinodienkiste eröffnet und einen neuen Schaupfennig zu den vorigen hat
tun wollen. Siehe, was der Henker nicht tut: da wird er in großer Bestür=
zung gewahr, daß seine herrliche Schätze geraubet gewesen, hält drauf Nach=
frage im ganzen Hause, ob er möchte hinter den Täter geraten. Wie er seine
Hausgenossen aber alle unschuldig befindet, besinnet er sich auf seinen abge=
schiedenen Knecht, als wenn der ihme wohl dürfte das Schelmstück gerissen
und den Dankhab hinter sich gelassen haben. Eilet derhalben hinter ihm daher
und ertappet ihn etwa auf anderthalb Meil Weges vom gedachten Städtgen;
packt ihn an, setzt ihn zu Rede und fraget gar scharf von ihme, ob er nicht

ungefähr dieses oder jenes Verlornes gesehen oder ungefähr zu sich gesteckt hätte? Der Schuhknecht antwortet gar freudig, er wüßte von solchen bezüchtigten Sachen das Geringste nicht, so hätte er ihm aufrichtig und nicht schelmisch gedienet; wollte er es nicht glauben, so hätte er seinen Ränzel da, denselben wollte er freiwillig aufschließen und alles herauslangen, was drinnen vorhanden wäre. Hierauf nimmt er die Untersuchung für die Hand und fänget an, seinen Reisesack auszuleeren, und bekommt auch unverhofft des Schusters vermissete Sachen in die Hand, drüber er erschrickt, der Schuster aber lustig wird. Was sollte der gute und unschuldige Knecht machen? Er entschuldigte sich aufs Äußerste und beteuerete es, daß er gar nichts von diesem ungefährlichen Diebstahl wüßte; es müßte diese entfernete Sachen ihm ein anderer aus Rachgier heimlich beigebracht und mit eingeschoben haben, sonsten könnte ers mit Gott beteuren, daß er von solcher Entwendung nichts gewußt habe. Aber der Schuster kriegt ihn bei der Kartause, schleppt ihn fürs Gerichte und läßt ihn vollends nach Hause führen, da er eingesteckt und endlich zum Tode des Galgens verdammet wird; da er dennoch aber immer standhaftig, nach seinem guten Gewissen, darbei verbleibet, daß er unschuldig zu diesem Falle komme, gedenkende, daß er zwar gerne sterben wollte, weil er es vielleicht sonsten an dem lieben Gott möchte verschuldet haben, daß er diesen Gang gehen müßte, aber dieser Diebstahl brächte ihn mit Recht nicht darzu. Was geschicht? Wie itzt der letzte Tag anbricht, da er soll gerichtet werden, da kommt Rübezahl zu ihm ins Gefängnüs, doch in unerkannter Gestalt, und fraget ihn, was er hie mache? Jener antwortet: Was soll ich leider machen? Hier wollen sie mich heute ohne Henkers Dank henken, weil ich soll was gestohlen haben, da ich doch kein Dieb nicht gewesen bin. Drauf der Rübezahl antwortet: Siehe, mein Kerl, diesen Schimpf habe ich dir gemacht, weil du mich ofte mit deiner unnützen Schnauze angetastet und ohn Ursache droben Rübenschwanz angeschrien hast; doch will ich dich hierumb nicht gänzlich verderben lassen, sondern nach erlittener Inkarzerierung gleich itzt erlösen. Drauf hat er ihme die Ketten und Bande abgemacht und sich selbsten hineingeschlossen. Weiter hat er den Schuhknecht auch unsichtig gemacht und aus der Verhaft herausgebracht, auf freien Fuß gestellet, daß es kein Mensch inne geworden. Noch weiter soll er auch dem Schuhknecht befohlen haben, daß er umb eine

Weile, nach geschehener Exekution, in der Stadt rumgehen und sich öffent=
lich zeigen soll, weil er nunmehr sicher und außerhalb aller Gefahr lebete. Und
indeme kommt ein Pfaffe ins Gefängnüs zu dem armen verstellten Sünder,
nämlich dem Rübezahl, hält an, er soll fleißig beten, sein letztes Stündlein
sei nunmehr vorhanden; ja er müßte jetzund zu guter Letzte hier alle seine Sün=
den bekennen und beichten, drauf wolle er ihm das Abendmahl reichen. Des
Rübezahls seine Gegenred aber war immer gewesen diese: Päperle päp. Und
so soll er etliche tausendmal gesagt haben, wie ihme der Pfaffe anmuten wollen,
daß er müsse Buße tun und andächtig beten. Wie nun aber hieraus nichts
anders hat werden wollen als lauter Päperle päp, so sollen die Gerichte den=
noch umb reife Zeit den päperlepäpischen Rübezahl zum Tor hinaus ge=
führet und an den lichten Galgen gehängt haben, darzu er dennoch immer
sein gewöhnliches und schnakhaftiges Päperle päp gesaget, bis der Diebs=
henker von der Leiter wieder herunter gewesen, da sie alle miteinander eine
große Schütte Stroh am Galgen gesehen und behalten haben. Hierüber soll
das Städtlein bis auf den heutigen Tag seine Gerechtigkeit oder Gerichte
verloren haben.

30. Rübezahl ziehet auf wie ein großer Prinz.

Es sollen einsmals etliche geistliche Personen mit Fleiß und denselben Für=
satz auf das Gebürge gegangen sein, damit sie den Rübezahl sehen möchten;
gedachten derenthalben seiner in allen Ehren auf dem Berge. Drauf erhebet
sich ein sonderlicher Tumult, weil die Straßen nicht weit oder ferne von seiner
Wohnung ist, von vielen Reutern wie Karreten und vielen reisigen Gezeuge,
als wie eine ziemliche wohlbestallte Hofstadt hinter sie herkäme, dabei ein
Grafe oder Fürste wäre. Wie dieser Aufzug immer näher und näher zu diesen
Geistlichen kam und ihnen endlich zur Seiten geriet, da haben sie sich ge=
demütiget und tief niedergebogen, in Meinung, es sei ein großer Potentat.
Aber nachdem dieses Gesichte vorbei gewesen, da soll sich ein großes Gelächter
angehoben han. Draus die Pfarrherren geschlossen und vermerket, daß sie be=
trogen gewesen, und dennoch nunmehr recht sagen könnten, daß sie den Rübe=
zahl gesehen. Doch gnug.

31. Rübezahl ladet
einen durch die Afterpforte zur Gasterei.

Einsmals ist ein guter
Mann mit einem
andern, welcher in der
Nähe gewohnet, spazieren
gegangen in gar heim=
lichem Wetter; der bittet
seinen guten Freund, ob
er ihm nicht könnte Rübe=
zahlen weisen, er möchte
ihn gerne sehen. Sie gehn
ein wenig fort, so sehen
sie einen Baum mit einer
Zwiesel, inmitten der Zwiesel steht er und weiset ihnen reverenter den Hin=
dersten, und machet ihnen ein Wetter und solche Kälte, daß er umb Gottes
willen gebeten, er sollte ihn wieder zurückbringen, er müßte sonst erfrieren.

32. Rübezahl danketß einem,
der ihn durch die Hintertür zu Gaste ladet.

Einsmals auf dem Naumburger Markte reisen etliche vornehme Kaufleute
und haben ihre Söhne, welche zu Leipzig studieren sollten, bei sich; reisen
auf Schmiedeberg zu, zu ihren Freunden, lassen auch Hirschbergische Kauf=
leute nebenst ihren Söhnen, welche auch nach Leipzig zu studieren gezogen,
holen und gehen miteinander auf das Gebürge; bleiben über Nacht droben.
haben ihre kalte Küche wie auch Bier und Weine mit, welche sie mit sich
hinauftragen lassen; nehmen auch Jungfern mit sich, sein lustig und guter
Dinge, gedenken des Geistes nicht. Wie sie aber den anderen Tag mit schönem
hellen Wetter wieder zurückkommen und unter dem Berge sind, ist ein guter
Freund, ein kurzweiliger Mensch, mit ihnen; der ziehet seine Hosen hinab und
weiset salv. Hon. den Hindersten hinauf, sagende: Rübenzahl, Rübenzahl,

man sagt viel von dir, du könntest Wetter machen; hast du ein Herz, so tue es, oder ich halte dich für ein Hundsfutte und rechten Bärenhäuter. Ehe er das Wort ausredet, da es so schön helle gewesen, so kommt ein Wetter, daß sie nicht anders meinen, der Jüngste Tag käme; sind alle miteinander, Manns- und Weibspersonen, durch und durch naß worden und haben ein gutes Treugetuch zu Hause gesucht.

33. Rübezahl tut einem unbescheidenen Zutrinker Bescheid.

Ein schlesischer Student erwähnte gegen mir, daß unlängsten ein paar Kaufdiener aus Breslau über das Gebürge reisen wollen, darzu sie einen Gefährten gedungen haben, nämlich einen Mann von selbigem Gebürge, als der die beste Bahne könnte zeigen und ihnen am richtigsten in Böhmen würde verhelfen; zur Reise aber hatten sie sich mit Proviant versehen und auf ein Interim eine Flasche Bier mit sich genommen. Wie sie aber unterwegens gewesen, hatte ihnen gut gedeuchtet, ein wenig zu speisen und zu trinken, darzu sie sich denn hatten niedergesetzt; drüber einer ungefähr den Rübezahl in der Ferne auf einem Baum sitzen siehet. Dieser nun, wie er ein lustiger Kumpe gewesen war, also hatte er flugs, die Flasche in der Hand habende, gesaget: Es gilt dir, Rübezahl! Drüber ihr Bote war erschrocken und flugs aufs Ge- sichte niedergefallen, dem Geiste gleichsam eine abbittliche Ehrerzeigung für den ruchlosen Gast zu tun, wie die Leute denn droben also sollen gewohnet sein, wenn sie den erzörneten Berggott versöhnen wollen, als den sie ohne das nicht provozieren, ärgern oder äffen, weil sie seine Ein- und Beiwohner sein. Aber was geschiehet weiter drauf? Wie der Kramersdiener kaum die Flasche nie- dergesetzt hatte, da war Rübezahl in der Furi herunter gefahren kommen, hatte die Flasche mit sich in die Luft gerissen, solche erstlich zusehens ausge- soffen und hernach herunterwärts auf den Boden geworfen mit solchem Un- gestüme, daß sie, ich weiß nicht in wieviel Stücke, zersprungen. Ferner hat er hierauf ein gräßliches Ungewitter erreget, daß sie nicht anders gedacht hatten, als es käme der Jüngste Tag, wie sie denn auch kaum ihr Leben darvon ge- bracht haben. Das heißt einem unbescheidnen Gaste Bescheid tun.

34. Rübezahl zaubert etlichen Küh= und Ochsenköpfe an.

Es soll sich auch auf eine Zeit begeben haben, daß Rübezahl sich in eine ver= lassene Herberge gemachet und sich wie ein stattlicher Wirt erzeiget, in= dem es sich begeben, daß unterschiedliche vornehme Leute vorbei gereiset und sich über Nacht allda haben gastieren lassen. Zwar anfänglich, wie die Gäste angekommen, ist wenig Köstliches zu sehen gewesen: aber in kurzer Zeit waren die Tische gedecket und lagen auf Bänken herumb etliche leere Fasse und große Klötzer, darinnen staken Hahnen, wie sie sonsten in den Fassen zu sein pflegen. Noch ferner hat der Rübezahl das eine Fenster in den Saal hübsch wie ein Schrank vermacht; den tat er auf und nahm immer eine Schüssel nach der andern von Essen heraus und satzte sie auf den Tisch: ein Teil war kalt, ein Teil noch ein wenig warm. Und als er dies vorgetragen hatte, meineten die Gäste, es wäre nun alles geschehen: da gehet er abermals hin und bringet noch mehr Gerichte. Da fingen sie erst an, sich zu verwundern, wo das herrliche Essen herkommen möchte und wie er so viel drinnen beherbergen könnte. Aber sie schweigen doch stille und hätten gerne getrunken; fragten, ob nicht was zu trinken vorhanden wäre. Der unerkannte Rübezahl nahm einen Stab, schlug an die Wand. Da kam ein schöner Jüngling heraus, ganz wohl wie ein Teutscher gekleidet und gezieret; der hatte zweene güldene Becher in seiner Hand, darauf stunden des türkischen Kaisers Namen und Wappen: ging hin zu dem einen leeren Fasse und zapfte einen guten spanischen Wein heraus, satzte den auf den Tisch und ließ sie den versuchen. Bald schlug Rübezahl auf eine andre Seite der Wand: da kam herfür eine hübsche Jungfrau, hatte einen ganzen Korb voller schöner kunstreicher, güldener und silberner Trinkgeschirr, darunter vieler Fürsten und Herren Namen und Wappen waren und sonderlich des Königs in Frankreich und Spanien und anderer vornehmen Prälaten, daß sie gnug daran zu sehen hatten. Diese Dame ging hin zu dem dürren Klotz und Stock, zapfte einen guten und köstlichen rheinischen Wein heraus und gab ihn den Gästen. Oben über dem Tische hing ein hölzern Rohr: wenn einer ein wenig Wasser haben wollt, so hielt er sein Geschirr an das Rohr, da lief das Wasser hinein so lange, bis er an das Rohr klopfet; doch wußte niemand, wo das Wasser hinein käme, denn es hing oben an einem Zwirnsfaden. Über das lagen auch noch andere Fasse darbei, aus welchen allen spanische, ungarische und andere Weine gelassen wurden, dergleichen von den Gästen vor diesen niemalen gekostet worden. Nach diesen brachte der Rübezahl noch mehr Speise von seltsamen Vögeln und wunderlichen Fischen, deren in Schlesien nicht gefunden. Und als die Gäste nun fröhlich waren, kamen unterschiedliche andere Geister, in Spielleuten Gestalt, mit einer lustigen Zunft; hatten alte Fiedeln und schrapten drauf etliche Graseliedlein. Bald nahmen sie andre Instrumenta und erzeigten sich fröhlich; ja, sie waren so lustig und fröhlich, daß die merklichen und kurzweiligen Stücklein nicht alle können erzählet werden. Wie sie nun das Mal gehalten hatten, da griff Rübezahl wieder in seinen Schrank und brachte herfür allerlei seltsame Früchte, so in Spanien, Frankreich, Niederland, Arabia, India und Griechenland wachsen, von herrlicher, frischer Würze und andern schönen Gewächsen, so man mit Lust und Lieblichkeit essen und genießen kann: welche zum Teil den Gästen bekannt, zum Teil aber unbekannt gewesen. Auch waren dabei allerlei Blumen und wohlriechende schöne Kräuter, daß sich hoch zu verwundern. Und als sie eine gute Weile fröhlich gewesen waren, fähet einer an unter ihnen und spricht zu Rübezahlen: Herr Wirt! ich bitte freundlich, ihr wollet uns doch auch ein hübsch kurzweilig Bössigen sehen lassen. Der Rübezahl antwortet und saget: es wäre gnug auf diesmal, er (der Gast) hätte neben andern Herrn gnug gesehen; welches sie sämtlich bekannten und sagten, daß der Kurzweil ein großer Überfluß gewesen. Aber er hielt weiter an und wollte nicht nachlassen: bat nur noch umb eins zum Schlaftrunk. Da sprach Rübezahl, es sollte geschehen. Bald hernach in einem Hui bekömmt derselbe einen Ochsenkopf mit großen Hörnern, recht wie ein solch Tier. Die andern Herren fangen an, seiner zu lachen und zu spotten. Dies verdreußt ihn und will sich verantworten mit Schelten: fähet also greulich an zu brüllen und zu brummen wie ein rechter natürlicher Ochse. Bald wollte er einen Becher ins Maul nehmen und trinken, da kunnte er sich auch nicht darzu schicken: die Lappen am Maule waren ihm zu groß; da brachte Rübezahls sein Knecht Wein in einem Fasse, da tät er einen guten Suff. Also hatten die Herren ihre Phantasei mit dem Ochsen und günneten ihme diesen Schalkspossen gar wohl. Unterdessen kömmt das Geschrei an dieses Gastes Ehefrau, indem sie auch nebenst andern Gefährten bei Rübezahl ein-

kehrte und ihrem Manne nachreisete: die erfähret, daß ihr Ehemann einen
Ochsenkopf habe. Sie gehet geschwinde hinein und findet es also. Da machte
sie sich mit losen Worten an den Rübezahl, fluchte ihm sehr: warumb er ihren
Mann also verschimpfet hätte? Rübezahl gab der Frauen gute Worte, hieß
sie stille schweigen; also täten auch die andern, aber es war umbsonst. Da
zauberte der Rübezahl der Frauen einen Kühekopf auf mit feinen Hörnern.
Da ward das Gelächter noch größer, und wollte die Frau viel Windes
machen, hub an zu plarren, desgleichen auch der Ochse: da hätte man lustige
Gebärden gesehen, wie sie sich stelleten und wie ihnen die Kappen so lustig an-
stunden. Über solches Wesen schliefen endlich die Gäste miteinander ein und
schnarchten die ganze Nacht durch. Wie sie aber endlich frühe gegen den andern
Tag erwachten, siehe, da lagen sie in einer Wüsteneien; und nahmen die Begebnüsse des vorigen Tages nicht anders auf als einen Traum. Doch besonnen
sich etliche, daß dieser Posse vielleicht ihnen vom Rübezahl widerfähre.

35. Rübezahl gastieret katholische Pfaffen.

Diese Geschichte hat mir geschrieben übergeben ein alter und erfahrner
Schlesier, deme der großgünstige Leser gewiß und leichtlich einen Glauben
beimessen kann und soll, nämlich: Einsmals reisen etliche katholische Priester
mit etlichen Studenten in Polen nach Posen zu; wie sie aber auf den Berg
kommen, treffen sie ein Wirtshaus an: darinnen waren viel Leute, hatten
Spielleute und waren lustig. Weil es aber späte war, so bitten die Herren
Geistlichen umb Herberge. Der Wirt saget, sie wären vornehme Leute und
geistliche Personen; er wüßte nicht, was er ihnen vor Lager machen sollte; sie
müßten mit einem Strapudio vorlieb nehmen. Ja, ja, sagten sie, es wäre alles
gut. Er traktieret sie mit Essen und Trinken wohl; bekommen gute Räusche
und legen sich aufs Lager, schlafen ein und ruhen alle wohl, fragen aber den
Wirt zuvor, was sie schuldig wären: sie wollten früh morgens zeitlich aufsein;
ob er auch Branntwein hätte? sie wollten früh vorher einen trinken. Sagt
der Wirt, sie sollten früh morgens bezahlen und einen guten Rausch an dem
Branntwein mitnehmen; er wäre willens, ihnen einen Gefährten auf ein paar
Meilen mitzugeben. Das war den guten Herren lieb, daß sie den Wirt zu
einem Gefährten kriegten; schliefen mit Freuden drauf ein. Als sie erwachten,

so lagen die guten Herren alle unter einem Galgen: das war ihr Wirtshaus gewesen; was sie nun für Speis und Trank genossen, weiß ich nicht. Gott segne es ihnen!

36. Rübezahl spendieret ein gut Trinkgeld für genossene Herberge.

Einsmals reiset der Ronzival aus mit dreißig Pferden und drei Trompetern, hat seine kalte Küche nebenst dem Koche bei sich und kommt zu einem von Adel, lässet ihn umb Herberge bitten: er dürfte ihme nichts geben, er wollte ihm auch keine Ungelegenheit machen. Wie er speiset, so schickt er dem Wirte acht Speisen von seinem Tische oder Tafel; der Wirt aber bedankt sich und will solche nicht annehmen, schickt sie nebenst freundlicher Danksagung wieder. Früh morgens, ehe er wegreiset, so frühstückt er zuvor. Unter andern schickt er dem Wirte wieder etliche Speisen, worunter eine Schüssel verdeckt gewesen und mit lauter Dukaten angefüllet, und lässet sich guter Herberge bedanken.

37. Rübezahl erläßt Edelgesteine hinter sich.

Vor der Reformation, da es in Böhmen noch lutherisch und evangelisch gewesen (da es itzund kaum epistolisch, katholisch wollte ich sagen, ist), zu solcher Zeit ist ein Pfarrherr übers Gebürge gegangen samt seinem Küster, in willens, eine Kindtaufe herüberwärts zu verrichten. Indem er aber mit seinem Handlanger wandert, da soll er ungefähr bei der einen Schneeküppe eines Italiäners am Bächlein wahr geworden sein, der viel kleine Steinlein über einen Haufen da heraus gelesen und neben sich hingelegt gehabt. Wie er solchem etwas näher geraten, da war der vermeinte Italiäner eilends davon-

gesprungen und hatte alles im Stiche gelassen, was er gesammelt: der Pfarr-
herr aber hatte unterdessen etliche Steinlein zu sich in sein Schnupptuch gestecket und war darmit vor die lange Weile weggegangen, hatte sie auch beim
Goldschmiede versuchen lassen und befunden, daß es köstliche Edelsteine gewesen, derentwegen er bald drauf eben des Weges gegangen, die übrigen
Steine zu suchen; aber da war weder Steingen noch Bächlein zu sehen gewesen, ob er gleich die vorige Stelle betreten; wiewohl dem Pfarrherrn auch
vorhero soll Wunder genommen haben, daß er allda ein rinnendes Bächlein
aus'm Berge vermerket, als der vordessen keinen allda angetroffen, ungeachtet,
ob er schon sehr vielmals desselben Weges sich gebrauchet gehabt.

38. Rübezahl ist ein Schiefergräber.

Wie einsmals der Freiherr von Schaffgotsch auf der Schneekippe mit den
Seinigen gewesen und des Orts vorhero gejaget hatte, da soll ein Page
vom Berge heruntergesehen und drunten im Grunde einen Bergmann verspüret haben, welcher einen schönen großen Schiefer vor sich gehabt, den er
gleichsam aus dem Berge glücklich herausgebrochen und vollenkommen heraus-
gearbeitet hatte. Solches hat der Diener seinem Herrn angekündiget, welcher
begehret, er solle fragen, wie teuer der Schiefer gehalten werde, er selber wolle
einen Tisch davon bereiten lassen. Hierauf schreiet der Diener vom Berge
herunter: Hört, Bergmann, wie teuer haltet ihr den Schiefer? Mein Herr
will ihn behalten. Da hat sich der Rübezahl gestellet, als höre er es nicht:
worauf denn jener Diener seine Frage etlichemal wiederholet hat, und es so
lange getrieben, bis der Bergmann einmal hinaufgesehen und unmuts gesaget
hat: Laß mir deinen Herrn etwas anders tun! Da solches für des Freiherrn
Ohren gekommen, soll er gesagt haben: Es ist der rechte. Verstehende, daß
es niemand anders sein mußte als das gewöhnliche Gespenste, der Rübezahl.
Doch gnug.

39. Rübezahl gräbet Rüben.

Es hat mir ein alter Fuhrmann aus Schlesien für wahrhaftig beigebracht,
daß er vor zehn Jahren über das Gebürge habe gehen müssen; da ihm
unterwegs ein großer Durst angekommen, aber nicht gewußt, wie er den-

selbigen stillen sollte. Indem er also ziemlich matt gewesen, da siehet er nicht weit von der Straßen einen Mann Feldrüben graben. Zu solchem war er hingangen und hatte umb ein paar dergleichen Rüben fleißig gebeten, die ihm auch nicht waren versaget worden, sondern bald gegeben. Wie nunmehr der Fuhrmann sie habhaft gewesen und sie auch fein saftig befunden, da hat er sein Messer ausgezogen, eine davon geschälet und ganz aufgegessen, wie groß sie auch gewesen; die andern hat er bei sich verwahret gehalten, bis auf weitern Bescheid. Und indem geschiehet es, daß er in ein Wirtshaus unter dem Gebürge einkehret, da er die ander Rübe beim Kopf zu kriegen willens war. Siehe, da zeucht er keine Rübe mehr hervor, sondern in Gestalt einer Rüben ein großes Stück Bergwerk, welches mehrenteils klar Gold gewesen. Das lasset mir einen reichen Rübezahl sein, der lauter Geld zur Verehrung giebet denen, die nicht arglistig, sondern freundlich mit ihm umgehen!

40. Rübezahl pflüget.

Es gedachte ebenmäßig der vorige Fuhrmann, daß er gehöret hätte, wie andere Leute über das Riesengebürge gefahren wären und droben einen Bauersmann hätten pflügen gesehen mit drei Ochsen, also daß die Pflugschar sehr tief ins Erdreich gegangen; darüber sich die Leute sehr verwundert hätten, weil es Felsen gewesen. Indem sie nun also bestürzt die neue Art zu pflügen zugesehen, da soll der Ackersmann, oder der verstellete Rübezahl, etliche Steinigen nacheinander mit seinem Stocher auf die Leute zugeworfen haben, bis sie endlich das Gucken nachgelassen und ihres Weges fortgefahren waren. Als diese Leute nun endlich nach Hause gekommen und ihre Sachen herunterräumen, da finden sie unter dem Stroh im Wagenkorbe viel güldene Schlacken, darüber sie sich höchlich verwundern und nunmehr aus Geiz, aber vergeblich wünschen, daß sie dem pflügenden Rübezahl länger hätten mögen zusehen und also reicher geworden wären. Siehe, was der Geiz nicht tut? Indem sie also ohne Nachsinnen wünschen, da verschwindet das meiste unter ihren Händen und behalten kaum ein wenig zur Nachricht und Aufweisung.

41. Rübezahl gesellet sich zu einem Müller.

Man höret gar sehr ofte, daß sich der Rübezahl gebären und verstellen solle in solche Gestalt, in welcher die Reisenden, nach Unterschiedlichkeit der Sorten, angetroffen werden. Also soll er sich auch einmal wie ein Müller zu einem andern Müller gesellet haben, ist gleichsam ungefähr auf dem Gebürge zu ihm geraten: hat gefraget, wohin er wolle, und denn auch, ob er ihn zum Gefährten wolle bei sich behalten? Drauf der rechte Müller ein Ja gesprochen und ihme den Gefährten hat belieben lassen. Was geschicht? Indeme sie fortmarschieren, da läßt der Rübezahl seine Nase allgemählich einer Ellen lang wachsen, krieget zwei große Hörner auf dem Kopfe und springet wie ein abscheulicher Satyrus davon: also daß der rechte Müller erschrickt und Gott umb Hülfe anruft, der ihm auch nichts widerfahren lässet.

42. Rübezahl verwandelt sich in einen Fleischershund.

Als hab ich mir berichten lassen, daß im vergangenen 1661. Jahre ihrer zween über das Gebürge gegangen, da ihnen unversehens, wie sie des Rübezahls nur in Gedanken erwähnet, ein großer Fleischershund nachgesprungen ist, hin und her gelaufen, bald vor sie eine Ecke weggerannt, bald wieder umgekehret und sich, in vollen Laufe etliche Mal vorbeihüpfend, hinter sie gewandt: also, daß anfänglich die Reisenden nicht anders vermeinet, es werde ein Fleischer darauf erfolgen und sich auf dem Wege zu ihnen gesellen. Aber vergebens ist diese Einbildung gewesen, sintemal kein Mensch darauf erfolgte, der Hund aber dennoch etliche Mal in vollem curir vor sie bei weggesprungen ist und endlich drauf verschwunden: wobei denn alsobald den Reisenden ein Grausen angekommen ist, aber doch weiter gleichwohl nichts begegnet noch erfahren haben; welches freilich nicht würde ausgeblieben sein, soferne sie des hochtrabenden Geistes nur gespottet hätten oder seinen Namen exprimieret. Diese Historie habe ich allhier in Leipzig, flugs nachdem meine erste Edition dieses Rübezahls herausgekommen, von einem glaubwürdigen Bürger gehöret, der mit dem gedachten Reisenden selber daraus geredet.

43. Rübezahl verwandelt sich zum Bileamsesel.

Nachdem einsmals ein schnakhaftiger gemeiner Bürger, der sonsten in Kompagnien mit seinen possierlichen Scherzen die Leute hübsch lustig machen gekunnt, im Werke begriffen gewesen, über das Gebürge zu gehen und zwar gar einsam, da hat es sich zugetragen, daß der Rübezahl unterwegens zu ihm genahet, in Gestalt eines andern schlechten Bürgermannes, bei sich habende einen hübschen großen Esel, darauf er geritten. Nachdem sie nun ein Weilchen miteinander gewandert, da hat der Rübezahl den Mitgefährten erfraget, wohin er gedächte? Wie jener nun ein gewissen Ort benannt, darauf er anfänglich zukommen würde, hat der Rübezahl gesprochen: Ei das ist getroffen, und also kann ich vielleicht einen weitern Weg ersparen: nämlich, so Ihr, guter Freund, gebeten sein wollet und mir meinen Esel zu Gefallen damit hinnehmet, und diesen oder jenen (er hatte aber einen gewissen benamet) Manne liefert; ich will Euch zuerst ein paar Groschen zum Trinkgelde geben, zum andern will ich Euch auch erlauben, daß Ihr auf das Lasttier reiten möget und Euren Weg ohne sonderliche Müdigkeit, desto füglicher verrichten. Hierauf hat es jenen beliebet, und war nachdem der unvermerkte Rübezahl durch einen andern Weg abseits gegangen. Wie nun dieser Tropf, deme der Esel anvertrauet geworden, eine Ecke auf das Kreuztierigen geritten und es sich etwas träg erzeiget, da hat ers mit einer Spitzruten geschmissen und etwas weiter angereget; drüber der Esel aus Ungeduld angehoben und mit menschlicher Stimme gesprochen: Schlag, Schelm, schlag! Drüber hat sich der Bereiter entsetzet, und dennoch nach seiner gewöhnlichen Kurzweile gesprochen: Du wirst jo nicht gar der Teufel sein! Und hiermit war er noch etwas fürder gezucket, bis der Esel abermal stutzig geworden und auf dem Wege stehen geblieben. Da hat jener Schnake sich wiederumb seiner Peitsche gebrauchet; drauf der

Esel dieses gesaget: Halt inne, Bruder; weißestu nicht, daß dich gleich jetzund in deiner Abwesenheit dein Nachbar zum Hahnrei machet? Hierüber hat sich der Reuter nunmehr recht entsetzet und geschwinde gesprochen: Halt, halt! Nun höre ich erst recht, daß ich mit den Hänger beschissen bin. Du magst deines Weges gehen, und ich will vor mich auch schon die Bahne zu finden wissen. Und indeme wollte er von dem Esel hinunterhutzschen. Aber: Nein! sprach das Bileamspferd: so haben wir nicht gewettet; du mußt mit mir und ich mit dir, wir müssen beide vertrauet beieinander bleiben. Doch wie dem allen, so hatte jener zaghafter Hase sich immer bemühet, vom Esel herunterzu= kommen; aber er war allezeit inne geworden, daß er gleichsam angebacken wäre und sich durchaus nicht abzwingen möchte, wieviel er gerüttelt, geschüttelt und gezopfet. Mittlerweile aber war der Esel mit dem Aufsitzer, wie das ge= flügelte Pferd Pegasus mit dem Bellerophontes oder Perseus, über Block, über Stock gesprungen; also daß sie miteinander in einer Eile eine halbe Meile verrichtet. Da es denn geschehen, daß sie an ein seichtes Bächlein geraten, drüber der Weg gegangen. Da war der Esel zwar anfangs noch sichtlich mit hineingegangen, aber weiter hinwärts war er unter ihn verschwunden und zum ziemlichen Stücke schönes Leinwandes oder schlesischen Schiers geworden: drüber der Wanderer aufs neue teils wieder erschrocken, teils auch erfreuet worden; denn es war ihme nunmehr in Gedanken gekommen, daß es Rübe= zahls Gespüke und Geschicke sein möchte. Hat derohalben das unter sich be= fundene Pack Leinewand getrost als nunmehr sein eigenes genommen und ist damit nach der ausgestandenen Angst getröstet worden, und hat seinen Weg vollends ohne Irrtum verrichtet. Ja, er hat auch bald darauf gesehen, daß die vormals geschankten Groschen zu Dukaten waren geworden, drüber er noch mehr gejauchzet.

44. Rübezahl läßt sein Pferd halten.

Ein Bote von Liebenthal erzählete mir unter andern Schnadrigaken, daß seinem Vater wahrhaftig widerfahren sei, wie er über das Gebürge ge= reiset, daß allda zu ihm in vollen Sporenstreiche der Rübezahl in eines Mon= sieurs Gestalt geritten kommen, abgestiegen und dem Reisenden befohlen habe, das Pferd zu halten; da er mit ernsthaftiger Stimme gesaget: Halte mir das

Pferd! Auf die praetoriam vocem hat jener flugs Fuß gehalten und dem Befehl gemäß gelebet und das Pferd beim Ziegel gefasset: drüber ist der unerkannte Rübezahl davonmarschieret und, ich weiß nicht wohin, kommen. Mittlerweile hält auf einer Stelle der ertappte Reuterknecht das anvertraute Roß ohn Unterlaß und bemühet sich trefflich, es zu behalten: sintemal es durch zwo ganze Seigerstunden immer gekratzet und mit den Füßen gestampfet, also, daß dem Hüter schier bange dabei geworden und seinem Leib keinen Rat gewußt, wie ers enden oder weiter angreifen sollte: sintemal ihm seines eigenen Parts vonnöten gewesen, auf dem Wege fortzugehen und den Lauf zu vollbringen. Auf der andern Seite ist ihm der ernste Befehl auch immer im Kopfe gelegen gewesen, da der Caballier ihm feste eingebunden gehabt, das Pferd zu verwahren; darbei er denn auch endlich auf die Gedanken geraten ist, daß es ihm vielleicht übel ergehen möchte, wenn er das Gaul verwahrlosete und nicht wieder überantwortete, leichtlich gedenkende, es möchte ein Ränke darhinterstecken. Wie der Hüter mit diesen und dergleichen Gedanken sich also ängstet, siehe, da kömmt der Rübezahlische Caballier oder Cabballierische Rübezahl gleich hergegangen, sagende: Siehe, hälst du noch da? Drauf jener geantwortet: Ja, Herr, ich durfte ja nicht eher weggehen, als Ihr wiederkamet. Hierauf hat der Rübezahl den geworfenen Pferdemist aufgeraffet und in des Gehorsamenden Schiebesack geschüttet, und solches zwar an etlichen Händen voll, sprechende: Halt auf, halt auf, nimm hin und gehe flugs deiner Wege! Wer war hier froher gewesen, als der nunmehr erlösete und mit Dreck abgelohnete Pferdeknecht? Er hat seinen Kopf zwischen die Ohren und die Füße auf den Nacken genommen und war davongestrichen, nicht feirende, bis er etwa anderthalbe Meile förder geraten: da ihm erstlich sein Quark im Schiebesack verdrießlich vorgekommen; dannenhero er ein wenig stille gestanden und sich gesaubert oder den eingesackten Dreck weggeschüttet und hernach seines Weges förder gewandert ist, bis er zur begehrten Herberge eingekehret, da ihm abermal der besudelte Schubesack im Kopfe gelegen; dannenhero er ihn, wie vor geschehen, herausgezogen und besehen: und indem schüttet er einen Dukaten hervor, drüber er von Herzen froh wird, die angewandte Pferdesmühe wohl belohnet schätzet und des vermeineten Dreckes drüber vergisset; doch darneben auch den erst ausgeschütteten vermisset, bereuende, daß er den Kot nicht miteinander behalten, damit die Ausbeute desto reifer geworden wäre.

45. Rübezahl lässet einen Acker pflügen.

Wie der Rübezahl sonsten ingemein die Boten pfleget zu foppen, doch nicht betrieglicher, sondern vielmehr zuträglicher Weise: also hat er auch vor Jahren einem Briefträger getan. Nämlich wie dieser aufm Gebürge gewesen, da war es ihm widerfahren, daß er unversehens und unwissens an den Rübe- zahl geraten, der daselbsten mit einem Pfluge geackert gehabt, vor dem Pfluge aber einen Esel, ein Pferd, einen Ochsen und einen großen Ziegenbock vorge- spannet hat. Dieser kauderwelsche Ackermann hat alsbald den Boten ange- redet und gesprochen: Ei Lieber, treibe mir doch ein wenig das Vieh einmal oder zwei das Stücke hinauf und pflüge doch ein wenig vor mir; du sollst es nicht umsonst tun! Ich muß aber notwendig in das nächste Dorf ein wenig hingehen; doch will ich nit lange verziehen, sondern bald wiederkehren. Item sammle mir in währenden Pflügen mit Fleiß alle Kieselsteine auf, so ferne du welche antriffst, und trage sie nur auf einen Ort zusammen! Was hätte der Bote tun wollen? Er hatte schon allbereit halb und halb gesehen, daß er ge- zwungen gewesen und so sich halten müsse. Derentwegen hat er sich nolens volens des Pfluges angemaßet, und nicht minder die gefundenen Steine ge- sammlet und allgemählich ein ziemlichen Haufen gemacht: bis endlich der ge- bietende Herr, der Rübezahl, wiedergekommen. Wie solches geschehen, da war jener abgedanket worden und hatte von Rübezahl dieses Bescheid erhalten, mit folgenden Worten: Nun nun, gar recht! Wie ich sehe, so hastu mir nach Willen gedienet und richtig abgewartet. Siehe da, hastu viel Steine gelesen, so magstu viel mit tragen. Und hiemit stecke mir alle Steine auf deinen Buckel und nimm auch ein wenig Erdreich vom Pflugschare mit; siehe, hie hastu einen Sack darzu! Was sollte der Bote abermal machen? Er mußte der gebieten- den Stimme wiederumb gehorsamen; und schüttete alle anwesende und zusam- mengetragene Feuersteine in den beschenkten Beutel, legte ihn über seinen Buckel und marschierete eine Ecke mit davon. Aber wie er was fürder gekommen, da war ihm das Zeig zu schwer geworden: also daß er gezwungen hatte müssen was auswerfen, damit er die Last erleichterte. Nach diesem war er abermal

fürder gegangen und hatte nicht minder auf Verlauf etwan eines Feldweges
niedersetzen und was mehres davon tun müssen: indeme es gleichmäßig über
alle Maße schwer geworden und nicht hat ohne Ausschüttung aus der Stelle
gehen mögen. Wie er also zum andermal die Bürde in etwas abgetragen, da
war er bei eine gute viertel Meile ferner gereiset, bis aufs neue das Schelm-
zeig sich so blutschwer befunden, daß er schier drunter niedergefallen, ungeachtet,
daß über die Hälfte schon heraus gewesen. Weil er also die Unmöglichkeit
fortzukommen gesehen und noch darneben immer befunden, daß es noch wie
vor Steine gewesen, so hat er aus Ungeduld den ganzen Plunder auf den
Weg geschüttet und war mit dem leeren Sack davon getrabet, bis er endlich
nach Hause drüber geraten: da er seine Not und die Begebnüsse geklaget, gedenkende, daß ihm der Rübezahl zweifelsohne so geäffet habe, von welchen er
nicht mehr als etwan nur diesen leeren Sack weggebracht. Und damit hat er
ihn hervorgezogen, umgekehret und auf den Tisch geworfen: drüber unverhofft
ein ziemlich Stücke Gold in eins vorgehabten Kiesels Gestalt hervorgepörzelt,
nebenst sehr vielen kleinen Körnlein gediegen Goldes. Wer war da lustiger und
närrischer gewesen als dieser ungedultiger Bote: welcher vor Freuden aufge-
hüpfet wie ein Rehe, vor Leid aber und Reue des gänzlich ausgeleerten Sackes,
mehr aus Geizigkeit als Vergnügsamkeit, geweinet hatte, als der auf diesen
Wege viel reicher hätte werden können, wenn er eine Partie Steine im Sacke
übrig behalten hätte. Aber, o Narrheit, meinestu alberer Schöps, daß das
allergeringste von den übrigen Steinen gleichmäßig hätte mögen in deinem
Sack zu Golde plötzlich werden? Ich meines Erachtens halte dafür, daß
der Rübezahl selbsten immer mit im Sack gesessen sei und denselben so oft und
lange schwer gemacht habe, bis daß endlich alle unnütze Steine haben müssen
herausgeschüttet werden: dabei er allemal das deputierliche beste Stücke verwahret
und mit Fleiß am Sacke gehalten, damit es jo nicht möchte verschüttet werden,
sondern nach geschehener Affung als ein Geschenke dem Boten verbleiben.

46. Rübezahl lässet seinen Stall ausmisten.

Ein geldbegieriger Bauerkauz soll mit Fleiß zum Rübezahl auf seine Residenz gegangen sein, verhoffende, daß er für seine bereitwillige Dienste eine
stattliche Verehrung erreichen werde. Was geschicht? Er kömmt in solchen

Gedanken in einen Meierhof (welchen der Rübezahl nur präsentieret und auf ein Interim dem Hachen eingebildet gehabt), da er von einem Hofmeister war angeredet worden, daß er ihme doch möchte ein Karrn oder etliche helfen Mist laden und auf den Acker fahren. Würde er es tun, so sollte es sein Schade nicht sein.

Der Dorflimmel verspricht sich, eine Weile Hülfe zu leisten, und gedenket mittlerweile auf seinen großen Nutzen, den er davontragen würde; doch war er auch zugleich getrost an die Arbeit gegangen und hatte in kurzer Zeit einen ziemlichen Misthaufen auf dem Hofe helfen räumen, bis daß drüber der Abend herbeigenahet und seine bestimmte Zeit erschienen, da er hat wollen Abschied wieder nehmen. Da hat der Hofmeister den Misthansen abgedanket und zu Lohn einen großen Tragkorb voll Mist auf den Weg gegeben, ihn vertröstende, daß er damit vorlieb nehmen wolle, bis was Besseres drauf erfolgete. Der Bauerrekel sackt den Kot auf, gehet damit in guter Hoffnung fort und gedenket, daß er einen mächtigen Schatz gehoben habe, derentwegen er denn auch unterwegens absetzet und seine Ausbeute besehen will; aber war es vorher Kühemist gewesen, so war es jetzund wie Pferdemist anzusehen gewesen. Darüber er in etwas erschricket, doch dennoch von seiner Konfidenz nicht gänzlich abläßet, sondern den Quark abermal anpacket und ohngefähr ein Feldwegs weiterläuft, da er aufs neu lüstern wird, sein Reichtum zu beschauen. Aber da wird er innen, daß es Menschenschnud gewesen; drüber er gleichfalls etwas unmuts wird, weil die Sache nach seinem Wunsch noch nicht gut geworden. Doch verbleibt dennoch mehrenteils seine Hoffnung steif und feste, es werde dermaleins besser werden: setzt also seinen Korb wieder zurechte und sackt ihn abermal auf, darbei es ihm aber gar unglücklich ergehet, sintemal er mit einem Fuß ausschlüppert und allen stinkenden Unrat über seine Krause und Faltrock schüttete, daß er wie der Henker ausgesehen und eilends nach dem Wasser gelaufen ist, sich zu reinigen. Aber wie er nunmehr an den Ort hinan kömmt, da er vorher etwan eine Pfütze erblicket, so hat er nichts angetroffen, und war also gezwungen worden, in dem häßlichen Wuste und Unflaterei vom Berge zu laufen und im nächsten Dorfe seine Abbadung zu suchen. Wie es denn auch geschehen, daß er erstlich bei Giersdorf Wasser angetroffen und sich daselbst mit allem Heil hineingestürzet hat und seine Säcke abgebadet, wie er denn

seinen Kober auch nicht darbei vergeſſen. Nachdem ſolches vollbracht, war der
arme Stümpfer zwar ſo weit froh, daß er des Geſtanks los geworden; aber
dieſes kränkte ihn von Herzen ſehr, daß er vor ſeine getreue Dienſte vom Rübezahl ſo ſchändlich belohnet worden. Und gehet hiemit ganz wehemütig zu ſeinem
Loſament, vorhabende, ein ander Kleid anzuziehen und das anhabende auszu-
dreugen. Wie er nunmehr hierüber im Werke iſt, das Wammes herunter
hatte und die knöcherne Hoſen jetzt auch gleich vom Steiße ziehen will, ſiehe,
da klinkerten fünf Dukaten aus ſeinem Hemde, daran er zuvor ſeine garſtige
Hände gewiſchet, wie er auf dem Wege den Quark verſchüttet und damit
nieder zu Boden geſchlagen geweſen. Ei, wer war hie froher und geiziger geweſen als dieſer Ochſen-Duallis? Der zwar da gegenwärtig ein ziemliches
Stücke bares Geldes unverhofft hat, doch gleichwohl nicht minder den übrigen
Verluſt des Unflats bedauret, da er eine gute Partei Goldes im Waſſer
möchte abgeſpielet haben.

47. Rübezahl fällt in eine Grube.

Ein bekannter ſchleſiſcher Bote referierte mir, wie etliche Handwerksgeſellen
des Ortes gereiſet wären; da ſollen ſie ungefähr einen andern Mann ab-
weges nicht weit von ſich gehen geſehen haben, welcher ſchleunig für ihren
Augen in eine tiefe Grube gefallen, drinnen er unerhört ſehr geſchrien, ge-
winſelt und umb Hülfe gerufen hätte. Hierzu waren die gedachten Handwerksgeſellen hingelaufen und hätten das Elende was genauer betrachtet, da ſie in
Anweſenheit von dem Gefallenen gebeten worden, ihn herauszuziehen und eine
Belohnung davonzutragen. Was geſchicht? Die Burſche laſſen ſich nicht faul
finden, helfen und machen es ſo gut, als ſie immer können, daß ſie den ver-
ſunkenen Mann herausbekommen. Wie es geſchehen, da verehret er einem jedweden für die geleiſtete Treue eine Sandbüchſe und gehet einen andern Weg,
wie denn auch die Handwerker ihre Straße nachgefolget ſein. Indem ſie nun
aber das Geſchenke in den Fäuſten gehabt und es für unnützlich erkannt, da
haben etliche es für allen Kuckuck weggeworfen; ihrer zweene ſind nur ſo ge-
ſcheut geweſen, daß ſie die empfangene Büchſe aufgehoben haben, welche ſie auch
ihr Lebenlang zu genießen gehabt: Sintemal ſie befunden haben, daß lauter Gold-
körner herausgefallen ſein, wenn ſie dran geſchüttelt und damit geſtreuet haben.

48. Rübezahl schläft.

Eben dieser Bote brachte mir bei, daß er selber auf dem Gebürge seine Reise gehabt und am Wege einen schwarzen Mann mit einer unerhörten langen Nasen hätte schlafend liegen gefunden, bei welchem sehr viel Gold auf allen Seiten gelegen gewesen. Und wiewohl er der Sache war begierig gewesen, so hätte er dennoch sich nicht umb alle die Wunder unterstehen wollen, dem Schlafenden etwas zu entfernen; sintemal er des Gebratens gemerkt und sich des gegenwärtigen Rübezahls flugs besorget hat. Derowegen (sagete er) wäre er fortgegangen und hätte sich nicht weiter darnach umgesehen; bis daß es endlich drüber geschehen, daß er in eine Herberge eingekehret; da er die Schuhe ausgezogen, indem er sich hat wollen schlafen legen, und unter solchen zwei Dukaten kleben gefunden hat, die er dem Rübezahl zu Danke aufgehoben, wie er sie ihme vorher aufgehoben und an die Schuhsohlen behalten und befestiget gehabt.

49. Rübezahl bettelt.

Noch dieser Bote verständigte mir, daß vor eilf Jahren ein Freiherr über das Gebürge gereiset wäre; da es sich denn unterwegens begeben hätte, daß ein lumpichter Bettler an dieses Herrens Wagen gelaufen und umb einen geringen Zehrpfennig angehalten hätte. Es soll aber zu diesem der Herr gesaget haben: Packe dich! Bistu doch stark genug; gehe und tue guts und arbeite den Leuten umbs Lohn! Da hat der Rübezahl angehoben: Begehre ich es doch nicht umsonst, lieber Herr, daß er mir armen Kerl was mitteilet. Allhier habe ich bei mir einen Sack voll schönes weißes Streusandes, so ich irgendswo geholet habe: nehmet solchen von meiner Hand an und gebet mir doch nur so viel, als Ihr selber freiwillig wollet. Durch dieses Präsent soll sich der Freiherr haben bewegen lassen und dem geldsichtigen Kerl einen Reichstaler für den Sandsack darausgeworfen haben. Was geschicht? Wie der Herr nach seiner Heimat kömmt, offeriert er aus Kurzweil seiner Liebsten das überkommene Säckelein, sprechende: Hie bring ich einen Sack voll Dukaten mit. Darüber sie gelachet und den Sack eröffnet hat, auch befunden, daß, wie ihr Herre aus Possen gesaget, lauter Gold drinnen gewesen. Lasset mir das einen Tausch sein, ein tausend Dukaten umb einen Taler zu kaufen!

50. Rübezahl fährt auf der Kutschen.

Es hat mir ein vornehmer Mann des Rats von Greifenberg durch einen glaubwürdigen Leipzischen Bürger erzählen lassen, wie einmal zweene Wandergesellen über das Gebürge gereiset sein, welche in ziemlicher Armut und Bedürftigkeit begriffen gewesen, also, daß sie bald nicht gewußt haben, bei weme sie sich erholen sollten oder einen Zehrpfennig erlangen. Indeme sie also fortgehen und mit dergleichen Gedanken schwanger und traurig sein, siehe: da sehen sie für sich hin eine prächtige Kutsche fahren, wobei etliche Trabanten gewesen und Lakeien hinterher gelaufen. Aus diesem Gesichte nehmen sie ab, daß es ein reicher Herr sein müßte, der vor ihre Bedürftigkeit vielleicht etliche Pfennige in seinem Beutel übrig habe: laufen auch in solchem Sinne alsbald hinzu, heben an zu betteln und ihre Armut vorzubringen. Wie sie solches Begehren sehr demütig und beweglich angebracht hatten, da springet ein vornehmer Herr aus der Kutschen und schneidet einen jedweden mit dem Messer aus den nahe darbei stehenden Gesträuchen einen Stab oder Stock ab, überreichet solchen enzeln, sprechende: damit sollen sie vor diesmal vorlieb nehmen, sie würden schon sich hieran erholen und auf die Beine kommen. Die beiden Kerl nehmen die übergebenen Stäbe an, bedanken sich vor die lange Weile, dürfen das schlecht vermeinte Geschenk nicht ausschlagen, teils vermöge der Ansehnlichkeit des vornehmen Gebers, teils wegen der Obsicht der Trabanten. Inmittelst steiget der herrische Rübezahl wieder auf seine Kutsche und läßt geschwinde drauf fahren. Die beiden Wanderer aber zotteln auch, wiewohl langsam, hinterher; fangen allgemächlich an, von ihren empfangenen Stäben zu schwatzen. Ja, einer wird auch endlich unmuts darüber und spricht zum andern:

Ei was soll mir der Stock? Solchen hätte ich mir selber allhier können ab-
schneiden, weil kein Mangel dran ist; derselbige Herr hätte uns leicht was
Besseres können verehren als nur dieses bißchen Holz. Und indem warf er
seinen geringschätzigen Stab aus Ungeduld so weit weg, als er immer konnte.
Der ander Mitgesell aber sagte: Ei Bruder, warumb so arg? Ich will meinen
Stab behalten; wer weiß, wozu er gut ist? Aufs wenigste will ich ihn zum
Gedächtnis verwahren, damit ich sagen kann, daß ich einen Wanderstock von
einem vornehmen Herrn in die Hand gegeben bekommen habe. Und immittelst
geraten sie vom Gebürge in die nächste Herberge. Da besahe der ander Geselle noch einmal zur Verwunderung seinen verehrten Stock und befand, daß
er lauter gediegen Gold war. Wie solches der erste vernahm, wollte er ein
Teil dran haben und sagt: Bruder, halb! Der ander sprach: Nein, Narre,
warumb hastu deinen Stab nicht behalten? So hättestu ebensoviel gehabt als
ich jetzund. Hierüber lief der abgewiesene Kauz wieder zurücke, rennte, daß
ihm der Kopf gleichsam brannte, und gedachte, seinen verworfenen Stab auch
wieder zu finden. Aber umsonst; da ware Hoffnung und Mühe verloren.

51. Rübezahl verehret den Bettlern was.

Unlängsten sollen ihrer drei armer Leute über das Gebürge gegangen sein,
aus Böhmen in Schlesien, welche unterwegens den Rübezahl in Gestalt
und Aufzuge etwan eines Grafen oder Freiherrens in einer prächtigen Kutsche
fahrend angetroffen. Zu solchen haben sie sich miteinander hingemachet, demütig
supplizieret und umb eine geringe Verehrung gebeten; darzu sich dann auch
gar leichte der verstellte Rübezahl bequemet hat: indem er einen jedweden in
Sonderheit eine Gabe in Papier eingewickelt überliefert hat, darbei erinnerde,
daß sie solches nicht eröffnen möchten, ehe und bevor sie in die nächste Herberge eingekehret hätten. Aber was geschicht? Und was tut der Vorwitz nicht?
Denn einem von diesen Leuten gelüstet, auf dem Wege zu besehen, macht's
derentwegen auf und — findet nichts anders als einen Zahlpfennig. Drüber
er ergrimmet wird und den Quark für allen Hänger hinweg wirft. Der ander,
deme dieses unbewußt, hält etwas ferner mit seiner Eröffnung ein; doch kann
er dennoch das Wirtshaus nicht erwarten, ob er schon nahe gewesen, sondern
machet ebenmäßig aus Kuriosität sein Geschenke vor dem Dorfe auf und

findet – zwei Groschen im Papier, welches er den andern beiden zeuget. Drauf der letzte spricht: Nun, das ist gut, vielleicht habe ich auch einen Trinkpfennig bekommen; ich will's aber nicht eher besehen, als wenn ich zur Stelle geraten bin – da er denn in seinem Makulatur zwei Dukaten gehabt. Drüber sich die übrigen betrübet gehabt, daß sie aus Heißhungrigkeit auch ihr Glücke nicht hatten erwarten können, sondern wider des Gebers Gebot das Geschenke zu frühzeitig besichtiget und derentwegen teils wenig, teils gar nichts angetroffen hätten.

52. Rübezahl speiset einen Hungrigen.

Unter andern Sachen, die teils hie erzählet sein und auch noch zum Teil folgen werden, hat mir ein wohlmeinender und guttätiger Mensch aus Hirschberg geschrieben, daß auf eine Zeit ein Bettler zum unbewußten Rübezahl gekommen und ihn umb ein Stücke Brot für seinen hungrigen Magen angesprochen. Demselben hat der Rübezahl gesaget: er hätte zwar so eben kein Brot bei sich, dennoch gedächte er ihn noch mit etwas anders zu sättigen; greift derowegen in seinen Schubesack und langt etliche große Wurzeln herfür, die er den Bettler überreichet, mit diesen Worten: Iß hievon etwas, du wirst schon satt werden, und sie werden dir auch wohl schmecken; was du nicht bezwingen kannst, das stecke zu dir und halte es in guter Verwahrung. Der Mensch gehorsamete dieser Vermahnung (nachdem er sich bei dem Rübezahl bedankt hatte, welcher auch alsobald von ihm schied und gleichsam anderswohin ging), ward satt und behielt eine und die ander Wurzel übrig; aus welchen hernachmals in seinen Taschen lauter gediegen Gold ward, welches der Arme für seine Gehorsamkeit erlangete.

53. Rübezahl kochet Krüllerbsen.

Es waren einsmals etliche Handwerksbursche müde und hungrig geworden und hatten auf dem Gebürge zu essen gewünschet, so ferne sie es nur hätten können habhaft werden. Und indem sehen sie ein Haus am Wege, darinne kehren sie ein und begehren von dem Hauswirt umb Geld ein Stücke Essen, welches ihnen auch nicht versaget, sondern gar bald dargereichet worden: da sie denn unter andern Brot, Käse und andere geringe essende Waren be-

kommen, welches sie verzehret und den Bauch damit erfüllet haben. Wie sie
nunmehr aber sich wieder haben aufmachen wollen, da sehen sie, daß der Gast-
geber beim Feuer ein' Topf Erbsen stehen gehabt; zu solchen kriegen sie abermal Beliebung, und bittet ein jedweder umb eine Hand voll Krüllerbsen, die
er mit sich auf den Weg nehmen und vernaschen möchte. Solche werden ihnen
auch nicht versaget, sondern nach Belieben mitgeteilet: und besackt also ein
jeder seine Schiebsäcke mit dergleichen halbgekocheten Erbsen, und gehen hiemit davon. Wie sie eine Weile hernach an die Nascherei gedenken und unter-
wegen davon schmausen wollen, siehe, da ziehet einer Kühemist, der ander
Pferdedreck, der dritte Schweinsquark, der vierte Eselsförze und der fünfte
Hundescheiße herfür, und weisen den Quark alle zugleich mit einem Gelächter
auf, wünschend, der Wirt möchte für allen Hänger am Galgen hangen, der
sie so gehudelt hätte. Und gehen darauf unwillens ihres Weges fort, bis sie
in eine andere Herberge einkehren und die Schelmerei dem Hausvater erzählen.
Wie solcher es gehöret, und der Sachen läuftig und wohl erfahren gewesen,
hat er ungefähr gesaget: Ei, ihr Herren, vielleicht wisset ihr nicht einmal recht,
was ihr gehabt und verworfen habet! Darauf fangen sie alle an und lachen
den Reformierer aus, sprechende: Was, zum Teufel! meinet ihr denn, daß wir
blind gewesen sein? Es war ja lauter Scheißerei, was wir hatten. Und indem
langet einer hin und will zum Wahrzeichen seinen besudelten Schiebesack
herausziehen, den Wirt zu überzeugen; aber wie er fertig gewesen, da springen
zwei unvermutliche Goldgülden auf den Tisch: drüber seine Kameraden lustig
werden und gleichermaßen ihre Diebessäcke visitieren und alle Stücklein Gold,
einer mehr, der andere weniger, herfürbringen.

54. Rübezahl schenket
einem Schuldner hundert Reichstaler.

Vor etwan zwölf Jahren (wie ich aus Halle von einem Salzführer erlernet
habe) soll ein verwegener Bauer gewesen sein, der in bevorstehende Not
seinem Leibe keinen Rat gewußt, wie er ihm getun möchte, daß er etwas Geld
zusammenbrächte und sich in begebenen Falle erhielte. Doch soll er endlich,
gleichsam aus Desperation, schlüssig geworden sein, auf das Riesengebürge

zu wandern und dem guten Rübezahl umb eine Post Geldes anzusprechen: wie
er es denn auch ins Werk gesetzet und seinen Weg zu dem reichen Geist hin-
genommen hat, der ihme alsbald in einer besondern Gestalt erschienen und er-
fragt soll haben, was sein Anliegen und Begehren wäre? Drauf soll gedachter
Bauer geantwortet haben: Ich wollte vom Beherrscher des Riesengebürges
freundlich gebeten haben, ob er mir nit wollte etwas Geld fürstrecken, mich in
gegenwärtiger Not zu schützen. Resp. Gar wohl, wieviel begehrstu denn? Und
wenn willstu es mir wiederbringen? Resp. Großmächtiger Herr, könnt Ihr mir
hundert Taler borgen, so will ich Euch solches, als ich ein redlicher Mann bin,
übers Jahr allhier wieder zustellen und mich dankbarlich einfinden. Hierauf
soll der Rübezahl einen Abtritt genommen haben und umb ein Weilchen wiederumb gekommen sein, einen Beutel mit so vielen Gelde mit sich bringend
und dem Bauren zuzählend: da denn der Bauer solches empfangen, von
Rübezahlen gegangen und sich an seinen Orte damit hingemachet hat. Ja es
auch gebrauchet und zu seinen Nutzen angewandt hat, bis die bestimmte Zeit
herangetreten und das Jahr geflossen gewesen, da er andere hundert Taler genommen und zur Abzahlung als ein richtiger Debitor zum riesengebürgischen
Creditorem damit hingespazieret ist, bis er etwan an den vorigen Ort wiederumb geraten, da er das Geld vorn Jahre ungefähr empfangen. Allwo der
verstellte Rübezahl in eines andern Mannes Gestalt ihme erschienen; derentwegen er denn etwas gestutzet und nicht gänzlich gewußt hat, ob es der Rübezahl selber wäre, wiewohl er dennoch gleichwohl auch nicht allerdinges gezweifelt hat, sondern es ein wenig vermutlich gehalten. Derentwegen er denn
sich auf geschehene Befragung (welche etwan gewesen war: Wo willstu hin,
Bauer, und bei wem hastu hier was zu tun?) also herausgelassen: Ich wollte
zum großmächtigen Regenten des Riesengebürges und ihme die hundert Taler
zu rechter Zeit wieder zustellen, welche ich vormalen von ihme habe gelehnet
bekommen. Drauf der verstellte Geist also geantwortet: O lieber Bauer, der
Rübezahl ist lange tot. Gehe so mit deinem Gelde wieder nach Hause und be-
halte es; es ist dir gar wohl gegönnet und wird dich kein Mensche weiter
darumb ansprechen. Wer war da lustiger gewesen als der Bauer; der mit
Freuden nach seinem Dorfe mit dem unvermutlichen Geschenke wieder weggegangen war? Doch gnug.

55. Rübezahl führet ein armes Weib zum großen Schatz.

Folgende Geschicht erzählte mir ein schlesischer Studiosus. Wie nämlich sein armes Weib auf dem Gebürge hätte wollen Wurzeln suchen, da wäre zu ihr der Rübezahl in eines Bauren Gestalt gekommen, hätte sie angeredet und gefraget, was ihr Begehren droben wäre? Drauf das bekümmerte Weib sagt, sie trachtete nach etlichen Wurzeln, die sie Armuts halben in der Apotheken hernach verkaufen wollte. Wohlan, antwortete jener, kommet mit mir, ich will Euch an einen Ort führen, da Ihr in geschwinder Eile eine Menge antreffet. Drauf war sie mitgegangen und war an eine Stelle geraten, da sie ein Loch gesehen voll lauter Dukaten; davon sie so viel hatte mögen nehmen, so viel sie gewollt, wiewohl es ihre Blödigkeit nicht zugegeben hatte, einen großen Einpaß aus Geizigkeit zu tun.

56. Rübezahl verwandelt Blätter in Dukaten.

Es hat mir dieses Stücke selber erzählet Anno 1662 den 6. und 7. Junii in Leipzig ein sehr glaubwürdiger und kunstreicher Apotheker von Hirschberg (nachdem er seine Reise hierdurch hatte, und mich, um vorhabendes Werk zur Vollkommenheit in etwas besser zu befördern, großgünstig auf meinem Losamente in Paulino Collegio, auf Junker Caspar Barthels sel. gewesene Stube, zusprach, und wacker aus der Erfahrung und langwierige Erkundigung diskurrierten), ein fast ältliger Mann und selber aus Schlesien in obgemeldeter Stadt, so nur zwo Meilen von des Rübezahls Residenz gelegen, bürtig, nämlich: es soll vor wenig Jahren eine arme Kräuterfrau samt ihren zweien kleinen Kindern aufs Gebürge gegangen sein, mit sich führende einen Korb, drinnen

sie gedacht Wurzeln zu graben und solche hernach zu verhandeln oder an die
Apotheker zu bringen; drauf soll sie auch eine große Hucke feiner Wurzeln zuwege gebracht haben, aber sie war drüber aus dem rechten Wege geraten, da
sie denn nicht gewußt, wo aus oder ein, bis ihr gleichsam ein Bauersmann
erscheinete und ohngefähr (es war aber der Rübezahl gewesen) im Irrtume zu
sie kömmt, sprechende: Frau, was sucht Ihr so ängstlich, und wo wollt Ihr
hinaus? Sie antwortet: Ach, ich bin ein armes Weib und habe weder zu
beißen noch zu brechen, derentwegen bin ich genötigt worden, herauszuwandern
und etwas Wurzeln zu graben, umb mich und meine hungerige Kinder zu erhalten; und nun bin ich aus dem Wege geraten und kann mich nicht wieder
zurechte finden. Ach herzer Mann, erbarmet Euch doch und führet mich aus
dem Gebüsche auf die richtige Straße, daß ich fortkommen kann. Der Rübezahl antwortet: Frau, seid zufrieden, ich will Euch schon den Weg zeigen.
Aber was macht Ihr mit den Wurzeln; damit werdet Ihr wenig verdienen,
schüttet das Zeug aus und pflücket Euch von diesem Baume so viel Blätter
ab, als Ihr wollet, daß der Korb ganz voll werde, das wird Euch besser bekommen. Resp. Ach, wer wollte mir darvor einen Pfennig geben; es ist ja
nur gemeines Laub, das nichts tüchtig ist. Resp. Ei Frau, lasset Euch sagen
und schüttet Eure lumpen Wurzeln aus und folget mir! Allein, es hat der
Rübezahl diese Vermahnung so vielmals vergeblich repetieret, daß er selber
fast müde drüber geworden, weil sich die Frau nicht hat wollen einreden lassen,
bis er selber zugreifen muß und mit Gewalt die vorigen Wurzeln herausstürzet,
dafür aber ein Haufen Laub von einem nahe dabei stehenden Busche hinein-
streifet, die Frau damit davonzugehen befiehlet und sie auf den rechten Weg
bringet. Drauf die Frau mit ihren Kindern und belaubtem Korbe (zwar wider
Willen) eine weite Strecke fortgemarschieret, bis sie abermal schöne Wurzeln
im Gehen ansichtig geworden, da sie neue Lust zu graben und selbige mit sich
zu nehmen bekömmt, weil ihr war eine Hoffnung in die Achsel gefahren, sie
würde hiemit was mehrers erhalten als am nichtigen Laube. Drauf sie den
Korb umstürzet und den vermeinten Quark herausgeußt und ihn wiederumb
mit Wurzeln besacket, damit sie nach ihrer Behausung, Kirschdorf, gewandert
ist, und allda die ausgegrabene Wurzeln von noch anklebender Erde gesaubert,
zusammengebunden und vor allen Dingen aus dem Korbe herausgeschüttet

hat, drüber sie etwas flinkern siehet, und dannenhero Anlaß nimmt, fleißiger darnach zu sehen, was es gewesen; wie solches geschiehet, siehe, da findet sie etliche Dukaten unten im Korbe stecken, welche übrig geblieben waren von dem Laube, so sie vorher auf dem Gebürge so unbedachtsam und nicht reine heraus= geschüttet gehabt, drüber sie teils über die Maßen erfreuet wird, teils auch sich betrübet, daß sie das Laub nicht alles behalten, dannenhero sie denn auch wie= der zurücke läuft und Nachsuchung tut, aber vergebens, denn es war alles ver= schwunden gewesen.

57. Rübezahl kann aus Quark Gold künsteln.

Ein Apothekergesell brachte mir bei, daß ein armes Bauernweiblein bei der Schneeküppe vorbeigegangen und aus höchster Bedürftigkeit allda einen Mann umb ein Stück Brot angeredet, der ihr zu gutem Glücke daselbsten begegnet. Jener Mann aber (welcher gewißlich der Rübezahl gewesen) hatte sich in Bauergestalt antreffen lassen und in der Hand einen großen Krug voll süße Milch getragen; der denn die notleidende Frau also getröstet: Seid zu= frieden! vielleicht ändert sich Euer Unglück. Haltet Euer Gefäße her, ich will Euch etwas von dieser Milch mitteilen, davon Ihr erstlich Euch laben könnet; das übrige und meiste aber müsset Ihr aufheben, gerinnen lassen und zum Käse machen: den sollt Ihr hernach teuer gnug loswerden. Folgt Ihr meinem Ratschlag und nehmet alles in acht, was ich Euch befohlen habe! Wer war hie lustiger gewesen als das gute Weiblein, welches gehoffet hat, da sonsten schwerlich was Gutes von einem andern wäre zu hoffen gewesen? Es hatte zuförderst ihren Durst geleschet; das übrige war aufgehoben worden, bis es oben zu Molken und unten zur dicken Milch geraten, daraus sie einen Käse formieret, solchen an die Luft getreuget und hernach, in ungezweifelten Ver= trauen, einem Reichen hat verkaufen wollen. Aber wie sie damit zu Göhre gehet und den Käse aus ihrem Tüchlein herauswirken will, damit sie ihn füg= licher dem Reichen liefere: siehe, da war es ein großer Klumpe Gold, welchen sie nunmehr selber behalten und ihr Glücke damit verbessert hat.

58. Rübezahl machet Dukaten aus Mistkäfer.

Ein Wurzelmann soll einst ungefähr ein' trefflichen Haufen Käfer im Kühemist angetroffen haben, so viel er sein Lebelang noch nicht beieinander gesehen. Weil er aber einen großen Kober bei sich gehabt, soll er solche Käfer daselbsten hineingescharret haben, damit er sie seinem Apotheker mitbringen können; weil er vorher etwan einmal ungefähr gehöret gehabt, daß man Wasser aus solchem Ungeziefer destilliere, welches sehr köstlich wider die Schwindsucht sei. Und also war er mit den Dreckkrebsen fortgewandert, die anfangs ein grausam Wesen im Kober gemachet hatten, wie er ihn auf seinem Buckel gehabt; endlich aber war das Zeug immer stiller und stiller geworden, daß er nichts mehr gehöret, da es doch vorher sehr gerauschet gehabt. Derentwegen er sich denn verwundert, wie er nunmehr nach Hause gekommen, den Kober eröffnet hat, da er im geringsten keinen Käfer mehr angetroffen, sondern lauter Steinkohlen und zwanzig Dukaten drunter, welche er ohn einige Destillation zu seiner Schwindsucht gebraucht, indeme er dieselben in wenig Wochen verschwendet und durchgebracht hat.

59. Rübezahl verehret einem Säufer eine Sparbüchse.

Ein exzellenter Säufer überkam einsmals zum guten Rate, daß er doch eine Sparbüchse zulegen möchte und darein nur täglich einen Dreier werfen: so werde er des Jahrs über aufs wenigste etliche Gülden vor seine Kinder sammeln. Hierauf gehet er zum Töpfer und kauft eine dergleichen Büchse: die ihme denn vom Rübezahl verlassen worden, als welcher sich vor einem Töpfer ausgegeben. Weiter sammlet auch der Durchbringer alle Tage einen Dreier, damit er dermaleins seinen Kindern ein tägliches Patrimonium verlassen möchte. Deren er zweene gehabt, und endlich sind zu heiraten kommen; da der noch lebende Vater die Sparbüchse entzwei geschlagen und ihnen das Geld geteilet. Er soll aber befunden haben, daß aus einen jedweden Dreier ein Goldgülden worden; wie denn die Büchse auch nach rechter Beschauung lauter Gold gewesen. Und auf solche Art hat der Vater dennoch seinen Kindern ein Großes zugewandt, ungeachtet, ob er schon alles versoffen.

60. Rübezahl schenket einem Kerl einen hurtigen Stab.

Ein guter ehrlicher Mann soll einsmals eine Bestia und dickhäutigen Balg zum Weibe gehabt haben, damit er durchaus nicht können zurechte kommen oder sie besser machen; ungeachtet, ob er sie gleich wie ein Tanzpferd herumb geprügelt und wie ein Stemmshorn schuriegelt hat, so hat es doch nichts wollen helfen, sondern ist das Übel immer ärger geworden. Drauf er denn soll nach den Rübezahl gespazieret sein und umb eine Weiberwurzel gebeten haben: welche dergleichen Kraft hätte, daß, wenn er sie damit berührete, sie ihme Folge leistete. Hierauf hatte der Rübezahl eine lange Wurzel aus der Erden hervorgezogen, welche einem Stabe oder Krabatschen nicht unähnlich gesehen; weiter hat er diese dem bedürftigen Manne gegeben, darneben berichtende, er soll seine Frau nur wacker stark damit anrühren: sie werde gerne folgen, wohin er sie nur haben wolle. Wohlan, der erfreute Kerls nimmt das Geschenke verlieb, gehet damit zu seiner trotzigten Frauen ins Haus; welche ihn denn flugs anfähret, wie die Sau den Bettelsack. Hierauf aber kriegt der Mann sein Noli me tangere hervor und rühret sie gewaltsam an allen Ort und Enden des Leibes an, daß sie Ach und Wehe geschrien. Darneben es aber geschehen, wenn der Mann zwischen die Schläge gefraget, ob sie ihme nun folgen wollte, so war allezeit ein Dukate aus dem Stocke herausgefallen, welchen das Weib aber nur gesehen und zu sich unvermerkt hat aufnehmen können; derentwegen sie aber ihrem Manne nicht schmeidiger, sondern boshaftiger geworden, ihn immer veranlasset, daß er mit der Wünschelruten sie mehrmals möchte berühren, darbei sie denn ohn Unterlaß geschrien: Ich will nicht! Doch hat sie sich nur dieser Wörter darumb gebrauchet, damit sie dem Manne dergleichen mehr Wörter möchte herauslocken und er sprechen müßte. Weib, willt du folgen! alldieweil sie vermerket, daß es bei solcher Stimme lauter Dukaten für sie geregnet, darnach sie immer mehr Beliebung gekriegt und des Goldes nicht hat können satt werden; ungeachtet, ob sie schon greulich drüber war zuquetscht worden, ja endlich gar, nach Verlaufung eines Jahres Fristes (drinnen sie alle Tage sich einmal oder vier hatte herdurchpritschen lassen, nur umb des Gewünnstes willen für Schmerzen gestorben: da denn der Mann erstlich hinter seinen Schatz gekommen, nachdem die alte Katze war tot gewesen.

61. Rübezahl schüttelt Äpfel ab.

Anno 1620 sein zwei
Drechslergesellen über
das Riesengebürge gegan-
gen und haben allda nicht
weit vom Wege einen ver-
meinten Bauersmann an-
getroffen, der gleichsam zwischen viel Apfelbäumen gestanden und davon häufig
Obst abgeschüttelt hat. Zu
solchen sein sie nahe hinan-
getreten und haben ihm ein paar Schock Äpfel abgekauft und zu sich gesteckt.
Wie sie nun aber ihres Weges fortgegangen und bald vor Hunger etliche
Äpfel haben anbeißen wollen: siehe, da sind es Kieselsteine gewesen. Wie sie
nunmehr diesen Possen sind inne geworden, da haben sie sich flugs wieder zu-
rückegewandt und sind zu den vorigen Bäumen gegangen: da sie aber keine
Apfelbäume mehr. sondern nur andere gemeine unfruchtbare Waldstauden an
vorigen Orte getroffen haben, in welcher eine der Rübezahl gesessen und die
anwesende Narren greulich ausgelachet hat: drüber die betrogene Apfelkäufer
von neuen weggegangen sein, ihr Geld verloren geschätzet und die übrigen
Steine an die Erde geschüttet haben; worunter aber ein jedweder ein fein
Stück gediegenes Gold gefunden hat, welches ihnen der wohlmeinende Geist
verehret hat, weil sie ihn aus Unmut nicht verspottet hatten, sondern den gedachten Schaden mit Geduld ertragen.

62. Rübezahl streuet Geld aus.

Vor drei Jahren sind drei Schmiedesknechte aus Böhmen in Schlesien
gezogen, denen ist auf dem Gebürge dieses widerfahren: Nämlich, wie
sie also fortgegangen und ungefähr für sich niederschauen, da sahen sie bald
Groschen, bald Dukaten, bald andere Münze liegen. Wie oft sie aber darnach greifen, so ofte bekommen sie einen Scherben oder sonsten ein rundes

dünnes Steinichen in die Finger; bis daß es zweien unter ihnen endlich verdreußt und sich nicht ferner bücken mehr wollen, sondern das verblendete Tun mit Fleiß vorbeigehen. Dieses aber will der dritte nicht nachahmen, sondern so ofte es seinen Augen wie ein Stücke Geld vorgekommen, so ofte hat er ohne Unterlaß darnach gegriffen und vor die lange Weile zu sich gestackt, bis er endlich den Schübesack davon erfüllet und sich über den gesammleten Gries oder Steinwerk wacker von seinen Kumpanen hat aushöhnen lassen. Doch wie er nunmehr zur Herberge gekommen und von seinen Reisegefährten ist angeredet worden, daß er doch seinen Schatz aufweisen möchte, den er unterwegs erworben, siehe, da zeucht er unverdrossen abermal und fast allemal ein dünnes Steinichen heraus, wie er solchen vorher zu sich gestecket hat; aber zuletzt finden sich nicht wenige große Stücke gediegen Goldes: damit er seine gehabte Mühe wacker bezahlet bekommen und welches des erlittenen Auslachens sich stattlich verlohnet hat. Wiewohl die Mitgesellen, aus Abgunst, geschleinde ihr Lachen eingestellet.

63. Rübezahl verschüttet ein Hufeisen.

Vor etlichen Jahren sollen etwan vier Zimmerknechte über das Riesengebürge gezogen sein, welche kurz vor sich her einen wackeren Caballier reitend gesehen, hinter welchen sie auch flugs dreingegangen sein. Darbei soll es sich bald begeben haben, daß der gedachte Reuter (der Rübezahl war es aber gewesen) ein Hufeisen verloren oder von des Pferdes Fuße fallen lassen. Solches soll vor die lange Weil der eine Bursch aufgenommen haben, zu sich gestecket und verwahret gehalten, gedenkende, daß er noch leichte eine Kanne Bier irgendwo darvor bekommen möchte. Aber er hat die Sache höher hinausgebracht. Denn wie er nunmehr durstig gewesen und kein Geld zu zahlen gehabt, da hat er sein Hufeisen hervorgesucht und den Kretschmar, welcher es benötigt gewesen, übergeben wollen; aber da wird er gewahr, daß es nicht mehr eisern, sondern lauter Gold gewesen. Drüber er von Herzen erfreuet geworden und wacker angefangen zu lachen, nach dem alten Sprichwort: Du lachest, als wenn du ein Hufeisen gefunden hättest. Hat es also sonsten Wichtigkeit, bei Erfindung der Hufeisen zu lachen, so hat es sich traun der Mühe allhier wacker verlohnet; sintemal er ohne sonderliche Bemühunge einen großen Schatz gehoben.

64. Rübezahl macht dauer= und sauerhaftige Schuhe.

Es soll für ungefähr dreißig Jahren ein bedürfter Handwerksgeselle über das Gebürge gereiset sein, der vom Riesenkönige (denn also will der Rübezahl von etlichen tituliret sein) ein paar Schuhe zur Verehrung haben bekommen, die ihm der mildreiche Geist mit dieser Bedingung geschenket, daß er sie zwar tragen sollte, doch hernach nicht wegwerfen, wenn sie würden alt geworden sein; er möchte sie auch wohl so lange tragen, bis er alles weg gegangen und auf die Brandsohlen gekommen wäre. Dieses nimmt der begabte Kerl in acht und gebraucht sich der geschenkten Schuhe etliche Jahr, bis daß er sie gar überdrüssig zu tragen wird; sintemal sie ihme teils zu klein geworden, teils auch zu ungestalt vorgekommen, weil man umb selbe Zeit eine andere Modi gehabt, die weit anders ausgesehen als die seine. Aus diesen Ursachen war er veranlasset worden, die Schuhe zu zerschneiden: da hat er zwischen dem Leder unter die Hacken so viel Dukaten gefunden, als er sie Jahre getragen. Drüber er traurig geworden und sein albers Vornehmen betrauret, daß er die Schuhe nicht länger behalten und mehr Jahr getragen habe: weil er hier auf einen großen Schatz dermaleins hätte erlangen mögen, der ihm aber nunmehr ausgeblieben wäre, weil er aus Hoffart seine altväterische und Rübezahlische Schuhe zerschnitten, ehe er sie noch auf die Brandsohlen gebracht. Das heißet:

Schu non mutabis, donec plurale videbis

Das ist:

Du sollt die Schuh so lang mit Baste binden,
Bis du ein neues Paar wirst wiederfinden.

65. Rübezahl verehret einem Schüler ein Buch.

Vor Jahren soll ein reisender Studente oder fahrender Schüler über das Riesengebürge alleine für sich aus Böhmen in Schlesien gewandelt haben; da er unterwegens gar schwermütig geworden, wie er seine angefangene studia möchte fortsetzen oder Mittel, Bücher zu kaufen und collegia zu halten, überkommen. Indeme er sich also mit diesen Gedanken schleppet: siehe, da kömmt gleich der Rübezahl in Gestalt eines reichen Kaufmanns nebenst einem aufwartenden Diener zu ihm getreten, lässet sich in Diskurs ein und vernimmt

hiermit die Kleinmütigkeit des Burschen, welcher sich völlig mit kläglichen
Worten gegen ihm herausläßt und seine Not bester Maßen fürbringet. Was
geschicht? Wie jener Studiosus seine Armut weitläuftig gnug entdecket hatte
und sonderlich eine Begierde zu einem gewissen Buche verstanden gehabt, da
spricht der Rübezahl: er solle nur zufrieden sein, sintemal er solches Buch gleich
bei sich hätte, welches er ihme hiemit verehrete. Und indeme hat er gleichsam
ein Quartbuch aus seines Dieners Ränzel herfürgelanget, spendieret und durch
einen andern Weg von ihm geschieden. Der Studente aber hat solch Buch
mit großem Danksagen aufgenommen und ist damit heraus nach Rostock gezogen; da er erstlich soll inne geworden sein, daß erhaltenes Buch eine Kräuter-
oder Gewürzschachtel gewesen, welche voll lauter Dukaten gelegen, damit er
etliche Jahr auf die Akademie sich unterhalten und endlichen Doctorem soll
promoviert haben.

66. Rübezahl verehret einem Studenten einen Stab.

Vor etwan achtzehn Jahren sollen ein paar arme Studenten über das Gebürge ihre Reise verrichtet haben und endlich im Gehen zu einem flie-
ßenden Wasserbach geraten sein, darüber es ihnen unmüglich gedauchte zu
kommen, weil er ziemlich breit und fast tief geschienen. Indeme sie sich nun
also bekümmern und in die Köpfe kratzen, da geriet der Rübezahl zu sie in
eines Wanderers Gestalt und verehret ihnen einen hübschen Stock, sprechende,
daß sie mit solchem ohne Mühe über alle Wasser könnten kommen. Diesen
Stecken und Stab nehmen sie an und tun gleich einen Versuch: siehe, da
kommen sie ohn alle Gefahr in geschwinder Eil über das Wasser, nachdem sie
nur den Stab hineingesetzt. Hierüber werden sie froh und halten das Holz-
geschenke sehr hoch, geraten aber drüber endlich in eine Herberge; da sie solchen
Tröster hinter die Tür zur Verwahrung stellen und den andern Tag, wie sie
abscheiden, aus Unbedachtsamkeit vergessen. Wie sie nun den folgenden Morgen
fürder ziehen, da geraten sie abermal an einen Sumpf, welchen Rübezahl ihnen
zum Possen gemachet hatte; aber da war Not vorhanden, wie sie allhier hinüberkommen möchten. Sie versuchen's, wie sie wollen, und praktizieren's auf
allerhand Art, so kömmt es ihnen je länger je unmüglich vor, also daß sie
notwendig bei eine Meile Wegs wiederumb zurücke müssen laufen und den

vergeſſenen Stock holen. Wie ſie den erlanget und drauf zum Waſſer gekommen, ſind ſie ohn allen Schaden mit ſchlechter Bemühung hinüberkommen,
und haben drauf den Stab je länger je lieber gehabt. Bis ſie von neuen in
ein ander Wirtshaus einkehren und den folgenden Tag für ſolchen Stock ein
gülden ſpaniſch Rohr ertappen. Drüber ſie noch mehr luſtig werden, das
Kleinod teilen und ſich mit dem Wert eine lange Zeit durch ihre vorgenommene Reiſe behelfen, glücklich fortkommen und ihre Wallfahrt verrichten.

67. Rübezahl boſſelt mit etlichen Studenten.

Ferner hat es ſich auch
zugetragen auf dieſem
Berge, daß ungefähr etliche
arme Studenten darüber
gegangen, deren drei ge-
weſen und des Rübezahls
unter ſich gedacht haben.
Da ſoll ſich dieſer Geiſt
flugs zu ſie gefunden haben,
doch in Geſtalt eines Wei-
demanns, der ſie mit Ge-
walt gezwungen, daß ſie
mit ihm die Kegel ſchieben

müſſen. Drüber ſich die Studenten, weil ſie den Handel vermerket, ſehr geweigert und gewidert haben; aber nichts deſto weniger haben ſie endlich ihren
Willen müſſen drein geben und mitſpielen: da er (der Rübezahl) aus Frei-
willigkeit das Geld für ſie auf dem Kegelplatze zugeſetzet und ſie miteinander
luſtig darumb gekugelt haben. Wie ſie nun ſolches eine ziemliche Zeit getrieben
und es ſchier hat mittagen wollen, da ſoll er ſie vermahnet haben, eilends von
dem Berge zu gehen, damit ſie nicht etwan ein Unglück nehmen. Hat darneben zur Dankſagung, daß ſie mit ihm geſpielet, einem jedweden einen Kegel
mitgegeben. Darauf ſich die Burſche fortgemachet, aber weil der Weg von
dem Berge ſehr weit war und die Kegel in ihren Ranzen begunnten über alle
Maße ſehr ſchwer zu werden und ſie unter ſolcher Laſt ſich nicht getrauten, mit

der vorhabenden Reise fertig zu werden, da haben sie zweene Kegel wegwerfen müssen und nur den dritten behalten; welcher hernach, wie sie ihn in der folgenden Nachtherberge besichtiget, ein klares Gold gewesen. Drüber die andern flugs zurückgelaufen und die andern beiden auch gedacht wiederzufinden, welches aber nicht geschehen. Doch gnug.

68. Rübezahl erweiset seine Liberalität im Kegelspiel.

Es soll einmal aus Böhmen ein Fleischer seinen Knecht übers Gebürge geschickt haben, damit er eine ausstehende Schuld einmahne und die Barschaft mit sich brächte, wie er denn auch das Geld, als vierzig Taler, soll empfangen und sich darmit dem Wege anvertrauet haben. Wie er aber im Wandern begriffen gewesen und seine Straße bei der Schneekippe vorbei genommen, siehe, da soll er ungefähr eine Kompagnie junger Bursche in der Nähe vermerket haben, welche ein großes Geld aufs Kegelspiel zwar gesetzet, doch gar lose und ohne Ernsthaftigkeit drumb gekugelt haben, welches den Wandersknecht Wunder genommen, und daher gewünscht hat, daß er möchte interessieret sein, so wollte er ohn allen Zweifel ein Großes erhalten und mit darvonbringen. Und indeme tritt einer aus der Gesellschaft zu ihm, präsentieret ihm die Gelegenheit und Freundschaft, daß, wenn er Lust hätte mitzuspielen, er gar willig in den Orden solle mitaufgenommen, auch zur beliebten Zeit wieder demittieret werden. Was geschicht? Der Kauz läßt sich gefallen mitanzutreten, und trifft ihn gleich das überlassene Glück, daß er anfänglich mit seinem eigenen Zehrgelde wacker was von Reichstalern und Dukaten erhält, also, daß der Mut ihm immer mehr und mehr wächset, ferner anzuhalten und sich zu bereichern. Aber es verändert sich das Blatt bald darauf, also, daß er das Gewonnene nacheinander wieder verspielet und er endlich seines Meisters eingefordertes und mit sich geführetes Schuldgeld beim Kopfe gekriegt und aufs Spiel gesetzt hat, doch immer darbei hoffende, er werde wieder gute Glücksblicks kriegen und mit solchem angegriffenen Gelde lustig fischen. Aber vergebens, die vierzig Taler waren miteinander draufgegangen, und der Schöps war endlich aller Mittel entblößet gestanden, hatte sich in dem Nacken gekrauet und nicht gewußt, wie er zu seinem Gelde wieder kommen möchte; doch hatte er flugs mit dem ungerechten Haushalter ihme diese faule Rechnung gemacht, daß er ſich bei ſeinem Meiſter vor einen Samariter wolle ausgeben, prätendierende, daß er da oder da unter die Mörder geraten, welche ihn aus⸗ gezogen und umb die Pfennige gebracht hätten. Da tritt nach dem Verluſt der unerkannte Rübezahl alsbald zu dem melancholiſchen Fleiſchersknechte, ſprechende: Siehe, mein Kerl, das Geld haben wir dir mit Recht abgewonnen, aber damit du endlich deinem Schaden wieder beikommeſt, ſiehe, da haſt du von dieſem Spiel drei Kegel, welche die Art an ſich haben, daß ſie dich nicht werden verlieren laſſen; verliere du ſie nur nicht und ſacke ſie fein ein in deinen Ränzel, und wenn du zu Hauſe kommeſt, ſo laß du dir ſechs andere darzu machen, welche ebenſo ausſehen als dieſe, hernach fange darmit an zu ſpielen, ſo wirſt du gar leicht zu deinem Gelde wieder kommen, das glaube unge⸗ zweifelt! Was ſollte der albere Tropf machen? Er läſſet ihm den Vorſchlag gefallen, nimmt die unanſehnlichen Kegel vor die lange Weile mit und paſ⸗ ſieret eine Ecke darmit über das Gebürge. Aber, wie er ſo eine halbe Stunde gegangen, da wird ihme der Plunder ſo ſchwer, daß er nicht darmit weiter fortkommen kann und notwendig ſich niederſetzen muß, ſich zu erleichtern und das ſchwere Zeug von ſich zu tun; da er denn die zwei ſchwerſten Kegel aufs Feld hingeworfen und den leichteſten bei ſich behalten hat und darmit nach Hauſe gegangen iſt. Nach vollendeter Reiſe kommt der ehrliche Vocativus in ſeines Meiſters Haus, fängt an, ſich heftig zu beklagen, wie ihn die Räuber umb alles gebracht hätten und alſo die eingeforderte Schuld aufm Wege in die Pülze gegangen ſei; darmit ſich auch der Meiſter hat müſſen zufrieden geben und den Notzwang für unvermeidlich halten. Endlich, wie ſich der Knecht alſo losgeſchwatzt, iſt er auf ſeinen Boden gegangen, hat den Ränzel abgeleget, den Kegel herausgelanget und im lachenden Mute ſolchen unters Bett geworfen, ihn dennoch etwan hoffende darzu anzuwenden, daß er acht andere wolle darzu drehen laſſen und ſolche zum Spielen gebrauchen, als darzu er nicht allein ohne das eine unerſättliche Begierde getragen, ſon⸗ dern auch vom Rübezahl (welchen er zwar bis dato hieran noch nicht er⸗ kannt gehabt, ſondern dennoch der fremden Perſon einen feſten Glauben zugemeſſen hatte) darzu veranlaſſet worden durch die Verheißung des un⸗ ausbleiblichen Wohlergehens. Was geſchicht? Es kommt, wie dem Bauren das Aderlaſſen, dieſem Abenteurer endlich das Kegelſpiel wieder an, gehet

derenthalben auf seinen Boden und scharret vor die lange Weil seinen unter
das Bett geworfenen Kegel hervor, und wird gewahr, daß aus dem Holze
ein klares Gold geworden. Hierüber verwunderte er sich über die Maßen, doch
zweifelt er noch in etwas, obs richtig Gold sei und gehet derentwegen hin zu
einem, der einen Probierstein gehabt und läßt ihn streichen. Nachdem er aber
die Gewißheit erhalten, soll der Kerl über die Maßen aus dem Grunde lustig
geworden sein, daß er nunmehr seinem betrogenen Herrn mit dem Kegel ein
überflüssiges Genügen leisten könne für das verspielte Geld; gehet derowegen
freiwillig zu seinem Herrn und entdecket ihme den ganzen alten Verlauf, wie
er umbs Geld gekommen und wie er nunmehr stattlich wieder darzu gekommen
sei, präsentiert darneben solchem seinem Herrn den ganzen Kegel, daß er sich
daran erholen möchte. Aber der Herr hatte so aufrichtig gehandelt, daß er
den Kegel bei dem Goldschmiede für 200 Taler verkauft, einhundert Taler
darvon vor sich behalten, das andere hundert aber seinem Knechte zuge=
wendet hat.

69. Rübezahl wird ein Kartenkrämer.

Ein Doppler soll vor Jahren im Zweifelmute aufs Gebürge gegangen sein,
verhoffende, es werde sich Rübezahl gegen ihn freigebig erzeigen: wie es
denn auch geschehen, daß er ihme begegnet, ihn einen Kameraden genannt und
mit einer Karten begabet hat. Doch soll der Geist bei solcher Verehrung dieses
ausgedungen haben, daß der Doppler alle Blätter wohl aufheben müßte und
keines darvon verlieren: sintemal es alsdenn geschehen würde, daß er ein treff=
liches Aufnehmen und Glück haben sollte. Noch weiter müßte er auch solche
Karte nicht einmal wegwerfen, wenn sie gleich alt geworden und abgenützet
wäre; sondern sollte Blatt für Blatt nehmen und einzeln beim Tabakschmau=
chen ans Licht anzünden, verbrennen und die Pfeife damit anstecken. Was ge=
schicht? Der Spieler nimmt allen guten Rat fleißig in Acht und gewinnet
anfänglich viel Geld damit: bis sie nach Verlauf der Zeit beschmutzt worden,
daß er sich geschämt, ferner damit zu doppeln oder sie einen ehrlichen Menschen
für die Nase zu legen. Derentwegen hat er auch den letztern Bericht beobachtet
und bei seinen Tabakschmauchen die Pfeifen mit den Blättern angefangen an=
zuzünden: dabei sich dieses zugetragen, daß aus den Papier allemal viel Tropfen

geschmolzenes Gold gefallen, welches er, wie er klüger geworden, in einem Gefäße mit Wasser aufgefangen und beigeleget hat.

70. Rübezahl verehret einem ein prächtiges Brettspiel.

Es soll einer vorweilen trefflich gedamet haben, das Aus und ein oder Tick-
Tack spielen können: deme soll der Rübezahl zur Belohnung ein Brettspiel geschenket haben, darbei berichtende, daß es wohl müßte aufgehoben werden, wenn es dermaleins ersprießlich sein sollte; nichts destoweniger aber dürfte
er drinnen nach aller Beliebung spielen. Aber was geschicht? Es verleuret der
verführte Mensch über solches Spielen sein Hab und Güter, daß er auch die
Asche nicht einmal auf seinem Herde zu eigen behält; drüber er denn in Ver-
zweiflung gefallen und sich hat erstechen wollen. Doch damit seine Rache nicht
außen bliebe, so soll er ihme erstlich vorgenommen haben, dem Rübezahl zu
Trotze das Brettspiel in tausend Stücke zu zerschlagen und darnach mit Feuer
zu verbrennen. Indem er gleich drüber begriffen ist und sein Mütlein dran
kühlet, auch eine Galgenfrist dran suchet und nunmehr die äußersten Bretter
zuquetschet gehabt, siehe, da wird er innen, daß die Steine sich verwandelt
gehabt: nämlich aus den weißen waren lauter dicke Taler geworden, aus den
schwarzen dicke Goldstücke, deren eins leichte zwanzig Taler gegolten. Wie er
solchen unverhofften Schatz gehoben, hat er sein Ermorden anstehen lassen und
sich eines bessern bedacht. Doch damit die zuquetschten Bretter noch in etwas
weiter dafür leiden möchten, so hat er solche ins Feuer geworfen; welche aber
nicht haben zerbrennen mögen, sondern ineinander geschmolzen sein, bis ein
großer Klumpen Silber draus geworden, der leichte bei zweihundert Reichstaler wert gewesen. Hiemit hat er sich wieder aufgeraffet, Buße getan und
sein gegenwärtiges Gut besser in Acht genommen. Das heißt gedamet; erstlich alles verloren, hernach alles gewonnen!

71. Rübezahl schläget den Ball.

Es hat mir ein alter Fuhrmann aus Schlesien für wahrhaftig beigebracht,
wie vor zehen Jahren sein Sohn nebenst andern Knaben aus Fürwitz
auf dieses Gebürge gegangen wären, in Willens habende, droben ein wenig mit
dem Ball zu spielen. Wie sie in den Gedanken fortgehen und nunmehr hinauf

gewesen, da treffen sie eine andere Partei eben mit dem Balle spielender Knaben an: diese allbereits im Werk Begriffende rufen den vorigen zu, daß sie mit anstehen sollten und sich unter sie teilen, damit die Versammlung desto größer würde. Hierauf lassen sich die Ankömmlinge belieben und spielen mit, und treiben diese Kurzweil bei drei Stunden lang, da sie Begierde kriegen, wiederumb nach Hause zu eilen. Immittelst sprechen die andern, sie sollen doch noch ein wenig verziehen, sie wollen jetzt umb ein paar Bälle spielen, vielleicht könnten sie solche gewinnen. Was geschicht? Das Spiel gehet wieder an, jene verlieren, und diese bringen die beiden Bälle davon, welche sie zu sich stecken, von den Übrigen und Verbleibenden Abschied nehmen und mit davon nach Hause wandern. Wie solches geschehen, da berühmen sie sich gegen ander Mitschüler, wie sie auf dem Gebürge gewesen wären und ein paar hübsche Bälle gewonnen hätten: drauf ziehen sie solche heraus und befinden, daß es klar Gold gewesen.

72. Rübezahl spielet mit Schnippkäulchen.

Noch eben der vorig: Kutscher schwatzte hierauf, daß von den gedachten Knaben andere wären angereizet worden, ebenfalls ihr Heil zu versuchen und zuzusehen, ob sie auch was gewinnen könnten. Hierauf waren sie nicht minder auf selbiges Gebürge gegangen und hätten Schnippkäulchen zu sich gestecket. Wie sie nunmehr hinaufgeraten, da war ihnen desselbigen gleichen eine andere Rotte erschienen, so auch mit den Schnippkäulchen zu tun gehabt. Zu solchen, wie sie begehret werden, machen sich die Ankommende ohne Hindernüsse hin, setzen ihre Kügelein zu und gewinnen anfänglich eine große Anzahl damit. Hiemit aber waren sie noch nicht vergnüget gewesen, sondern hatten gedacht, es würde sich wohl noch was Besseres finden, daß sie bespickter davongehen könnten. Unterdessen wäre es aber geschehen, daß sie wieder verloren hätten und nur bei der Anzahl geblieben wären, so sie hinaufgebracht hatten, womit sie auch waren gezwungen worden, herunterzugehen, weil die Zeit verlaufen und es schier zum Abend sich angelassen. Wie sie nun zu den Ihrigen wiederumb geraten waren, fangen sie ihr Unglück unwissend an zu beklagen und jene vorzuziehen, daß sie vor diesen lustig prosperieret hätten, sie aber jetzund nicht ein Dreck gewonnen hätten. Auf diese Wörter begehren jene zu sehen, was sie denn hinauf- und heruntergebracht. Da zeucht ein jeder seine vermeinete Zahl der Schnippkäulchen herfür und zeiget sie auf Begehren; aber kaum hatten sie die Faust aus dem Schiebesack bekommen, da befinden sie, daß es eitel Goldknöpfe gewesen, und auf diesen Schlag weit mehr gewonnen hatten als die vorigen.

73. Rübezahl hat seine Kurzweil mit denen Spielleuten.

Es kommen vier Spielleute aus Böhmen über das Gebürge zur Sommerszeit, so kommt ein Kavalier mit zwei Pferden geritten. Sie sitzen und ruhen. Er fraget, was sie dar machen? Sie sagen, sie wären Spielleute, hätten sich verzehret; wenn er ihnen wollte was spendieren, so wollten sie ihme ein Lustiges machen. Er sagt ja, sie sollten immer aufspielen. Sie machen etliche lustige Stücklein. Sein Pferd, das lässet vier Pferdäpfel fallen, weil der Spielleute vier gewesen waren; so sagt er zu ihnen, da soll ein jedweder einen mitnehmen und diesmal vorliebnehmen. Reitet von ihnen weg. Die guten Leute sehen das Honorarium an. Drei lassen ihren Apfel liegen, der vierte nimmt seinen mit, hat Papier bei sich und steckt solchen zu sich. Wie sie in die Herberge kommen, ist es an einem Sonntage, da sind viele Gäste alldar. Sie müssen aufwarten, verdienen etwas Geld. Wie es Feierabend wird und die Gäste weg sind, zählen sie, was sie verdienet haben. Da sagen die andern drei, er solle doch seinen Apfel auch hergeben. Dieser spricht: O der Apfel wird wohl nicht der schlimmst sein! Zeucht solchen heraus, so ist er ganz schwarz und schwer. Er schabet mit dem Messer drein, so ist es purlauter Gold. Seine Kompanen erschrecken, daß sie ihre nicht behalten; gehen zurücke, finden aber nichts.

74. Rübezahl bekränzt einen Musikanten.

Ein Studente aus Schlesien, allhier einer von meinen gewesenen Kollegen, schwatzet mir vor, wie vor diesen ein gelehrter Bursche mit seiner Laute aufs Gebürge gegangen sei, in Willens, dem Rübezahl eine Musik zu bringen, alldieweil er, seinem Einbilden nach, gemeinet, er wäre einer von den besten Lautenisten und möchte also wohl ein gut Trinkgeld zur Belohnung, nach seiner Wohlgesonnenheit, darvon bringen. Wie er nun auf dem Gebürge etwas war förder gegangen, da hatte er in der Nähe einen herrlichen Palast gesehen. Da hinzu war er genahet, hatte seine Laute zur Hand genommen und allgemählich ein bißchen aufgespielet; drüber ein vornehmer Mann daraus gekommen, ihn angesehen und gefraget, was seine Intention wäre? Darzu der erschrockne Stimper geantwortet: Sein Diener, Monsieur! ich bin wohlmeinend hicher gekommen, dem Herrn eins aufzumachen und meine Kunst hören zu lassen. Mit welchen Worten er gleich seinen Futterkorb bei der Kartause gekrieget und eins hergeleiert hat. Bald drauf, wie der Rübezahl ein wenig zugehört hatte, hat er sich umgekehret und aus seinem Schlosse etliche andere Musikanten herausgepfiffen, die sich flugs hervorgefunden und über alle Maßen auf ihren Lauten gespielet haben, also, daß sich der vorige Musikant selber hat müssen schämen, daß er sich vorher berühmet gehabt, etwas Sonderliches in seiner Kunst zu leisten, welche doch in Gegenhaltung der andern nichts gewesen und schier gelautet hat, wie man Dreck mit Peitschen hiebe. War also nicht allein betrübt geworden, sondern hatte sich auch schämend auf die Hinterfüße gemacht und heimlich darvonschleichen wollen. Wie es der Rübezahl gemerket, soll er ihm zugeredet haben, sprechende: Guter Kerl, damit du deine Mühewaltung nicht umsonst angewandt habest, so marschiere hin zu jenem Baume, da wirst du viel Kränze hangen sehen; darvon nimm nur einen und keinen mehr, und gehe darmit deiner Wege und lerne hinführo ein Bessers! Und hiemit hat er sein Brabeum geholet und, nach dem gegenwärtigen Augenschein, den besten Kranz runtergelanget, welcher aber der schlechteste gewesen, dem andern Bedünken nach, wie er ihn in der Hand gehabt; doch war er gleichwohl darmit zufrieden gewesen und darvongegangen. Wie er ihn aber in der nächsten Herberge betrachtet, da hat er gesehen, daß es lauter Gold und Edelsteine gewesen.

75. Rübezahl lässet ihm den Bären tanzen.

Es hatte Rübezahl einige Tage stürmisch Wetter bekommen, daß er also mittlerweil schlechtes Vergnügen gehabt; sobald die rauhe Luft vorbei und das Gebürge wiederumb helle und angenehm wurde, satzte er sich auf sein Pferd und ritte spazieren. Kaum war er eine viertel Meile geritten, so wurde er unverhofft drei Männer von ferne gewahr, welche einen Bären an der Kette bei sich führten. Er hielte still und argwohnete, diese Kerl würden gewiß den Bären aus seinem Gehäge gefischet und mit ihn davon wandern wollen; da diese aber allmählich näher herzukamen, sahe er, daß es Polacken waren, die zuzeiten ihren Gewinst durch dieses abgerichtete Tier suchen. Bei ihrer Herannäherung fragte er sie sofort mit einer starken Anfrage: Wo kommt ihr her, und wo wollt ihr hin, daß ihr über das Gebürge reiset? Die Polen hielten ihn für einen vornehmen Herrn, machten ihm sofort ihre tiefe Reverenz und sagten: Wir kommen über Hohe-Elb aus dem Johannesbad zurücke und gedenken, noch ins Warmbad zu reisen und von dannen wieder über Schweintz und Breslau in unser Vaterland. Habt ihr geneigte Liebhaber im Johannesbad gefunden? fragte Rübezahl weiter. Sie machten darauf wieder Komplimente und sprachen: Es ist gar schlecht gewesen, denn der Liebhaber waren wenig; wir haben allda fast mehr verzehrt als erworben. Das ist nicht gut, versetzte unser Junker Rübezahl. Seid ihr denn im Kuckucksbad nicht gewest? Sie sagten: Nein; denn dasselbe ist uns unbekannt, wir sind itzt das erstemal so weit ins Gebürge geraten. Rübezahl sprach: Ihr würdet gewiß da Verdienst gehabt haben und seid so nahe vorbeigereist. Wohlan, weil ihr Geld zu verdienen suchet, und daß euer Weg übers Gebürge nicht umsonst sei, so lasset

sehen, was denn euer Bär vor Künste kann. Alsobald griffen zwei von ihnen
zu ihren Schalmeien und bliesen aus allen Kräften, daß die Bäume zitterten;
der dritte machte inmittelst den Bären fertig, tanzte und tummelte sich mit
ihm herumb, bis zuletzt der Bär nicht mehr von der Stelle wollte. Rübezahl
saß auf seinem Klepper und hatte sein inniges Vergnügen, sagte endlich zu
dem Tanzmeister: Es ist genug; folget mir nach bis zu meiner Wohnung, ich
muß euch was zugute tun. Sie folgeten ihm getrost, bliesen zuweilen, daß es
in die Wälder und Täler erschallete. Wie sie nun allda anlangten, ließ Rübezahl sofort von dem besten Branntewein fürtragen (denn er wußte, daß sie
davon besondere Liebhaber sein); den trunken sie auf des milden Gebers gutes
Vergnügen aus. Rübezahl war es seine größte Lust, daß denen Polacken der
Branntwein so glatt zu Halse ging. Nach diesem langete er aus seinem Säckel
drei Timpfe herfür und beschenkte sie damit, wovor sich diese polnische Herren
auf das allerhöflichste bedankten, und darauf alle drei aus ihren Schalmeien
bliesen, daß alles Wild im Gebürge dadurch rege ward; und hierauf nahmen
sie Abschied. Rübezahl ließ sie begleiten bis an den Weg, der sie ins Warmebad und zuerst auf das nächste Dorf führte. Kaum waren sie eine Meile fort-
gereist, da wurden sie linker Hand unten am Berge eine Baude gewahr, dahin richteten sie ihren Marsch; und weil sie bekamen, was sie verlangten, blieben
sie da dieselbe Nacht. Sobald sie sich niedergesetzet, fingen sie sofort von ihrem
gehabten Abenteuer an zu schwatzen, und erzählten es danach dem Wirt, wie
sie unverhofft auf dem Gebürge ein Glück gehabt hatten. Und nachdem sie ihm
den ganzen Verlauf erzählet, merkte er's bald, woher es komme, wollte aber
nicht viel dazu reden, sondern sagte zu ihnen: Weiset mir das Geld! Sobald
der eine Pol seinen Timpf herfürzog und ihn der Wirt besah, siehe, so war
es kein Timpf, sondern ein doppelter Louis d'or. Der Polack erschrak, wiese
solche seinen Kameraden, die ihre Timpfe auch herausbrachten und mit Freuden sahen, daß auch ihre Timpfe zu Louis d'or geworden, und mußten ge-
stehen, daß der Wirt wahr geredet, denn derlei Art Geld war ihnen bekannt; nur
wunderten sie sich, wie solches in das Gebürge kommen. Es war nachdenklich
genug, allein der Wirt sagte: Laßt ihr's immer gut sein; wo diese gewesen
sind, werden wohl mehr sein! Die Polen machten sich hierauf recht lustig,
pfiffen und soffen, bis einer hie, der ander dort lage und die Nacht hindurch

schnarchten. Sobald der Tag angebrochen und es im Hause wieder rege wurde, rafften sich unsere guten Polacken auch auf. Sie machten ihrem milden Geber noch im Gebürge eine Musik, bedankten sich guter Herberge und reiseten darauf über Antoniwald ins Warmebad. Wohin sie weiter kommen sind, hat man nicht erfahren.

76. Rübezahl agieret einen Lautenisten.

Es hat sich Anno 1642 begeben, daß ein Studiosus Quasimodogenitus Lustes halben über das Riesengebürge hat reisen und gehen wollen. Unterwegs aber hat er, damit er die Zeit verkürzete, mit Fleiß die Laute zur Hand genommen und eines und das andere Buhlliedchen (seiner verlassenen Kammerkätzchen zu Gefallen) drauf gespielet oder geschlagen, und ist in solchen guten Gedanken eine ziemliche Weile fortgegangen. Was geschicht aber? Indem er so einsam fortschleichet, da kömmt ihm der Rübezahl in Gestalt eines andern Studenten entgegen und bittet ihn, daß er doch die Laute ein wenig übergebe, er sollte auch hören, was seine Musik vermöchte. Hierauf gibt voriger Student dem unerkannten Rübezahl das Instrument über. Der Rübezahl ingegen spielet anfänglich gar lieblich und anmutig. Doch wie sie im Gehen zu einen an dem Wege stehenden Baume nahen, da lässet er seine Stückchen sehen, indem er mitsamt der Laute in geschwinder Eil sich auf solchen Baum schwinget und zugleich im Spielen zwar fortfähret, doch unverschämte Lieder anstimmet: worüber der arme Studente nicht allein erschrocken, betrübet, sondern auch bald im Zorn ist erhitzt geworden und den Rübezahl alle Schlapperment an Hals gewünschet, sagende, er solle ihm die Laute wieder heruntergeben, oder er wolle anders mit ihm spielen. Darauf soll der Rübezahl die begehrte Laute heruntergeworfen haben, und darneben einen greulichen Knall mitangefüget, welcher vorgekommen, als wenn die Laute in tausend Stücke zerfiele, da sie doch, wie der Studente zugesehen, ist unversehrt befunden worden. Es ist aber alsobald bei dieser Begebnüsse der schnakische Rübezahl verschwunden und der Studente hat lernen bescheidener reisen: da er hernach für ein Buhlenlied einen christlichen Gesang hat begonnen auf seiner Laute zu schlagen.

77. Rübezahl hilft einem armen Mann einen Schlitten Holz herunter aus dem Gebürge fahren.

Ein armer Bauersmann hatte sich ein wenig Holz im Gebürge zusammengemacht, in Meinung, solches bei guter Schneezeit bequem herunterzubringen. Da nun der Winter in Ermangelung des Schnees dasselbe Jahr schlecht war, wußte er sich keinen Rat; der Winter war strenge, daß er also mit seinem Weib und Kindern große Kälte ausstehen mußte. Er sahe sich genötiget, etwas aus dem Busche zu holen, es sei so viel als ihm möglich. Wie er nun allda angelanget, stund er ein wenig und suchte seinen Kummer hinter den Ohren zu stillen; denn er wußte nicht, wie er das Holz den Berg hinunterschaffen sollte. Wie er mit solchen Grillen sich plagte, siehe, unverhofft kommt ein Mann mit einem Schlitten getrost auf ihn zugezogen, der ihn sofort frägt, wie es ihm geht und ob's auch Schnee gnug hat, Holz herunterzuschleppen? Der gute Mann antwortete ihm: Nein, der Schnee ist heur schlecht; ich weiß nicht, wie ich mein bißchen Holz herunterbringen will, wo kein Schnee mehr kommt. Rübezahl sagte: Oho, wenn ich nur viel hätte! herunterzubringen getraute ich mir's schon; kommt, weiset mir, wo es stehet! Als sie hinkamen, sprach er: Ihr habt dem Holz keine gute Stelle gegeben; allein wollt Ihr mir's etliche Schritte herüberwerfen, will ich es Euch den Berg helfen herunterfahren. Der Bauer sprach: Das will ich gerne tun; wollet Ihr mir helfen, so geschiehet mir ein sonderlicher Gefallen, denn ich habe zu Hause gar kein Holz, Weib und Kinder sind mir halb erfroren; wenn Ihr nur nicht zu viel vor Eure Mühe verlangt: Hülfe wäre mir vonnöten, denn ich bin ein armer Mann. Rübezahl versetzte: Wir werden es schon miteinander machen;

werfet nur frisch herüber, ich will für Euch und hernach für mich aufladen. Sobald er des Mannes Schlitten vollgepackt, half er ihn damit auf den Weg; nachdem er das Holz zu seinem herzugeworfen, hieß er den Mann fahren, soweit er könnte, er wollte ihn bald nachkommen. Der Mann tat, wie er ihm gebot. Rübezahl lud also das über den Stein geworfene Holz auf seinen Schlitten, segelte damit den Berg hinunter, daß der Mann erstaunte, wie er ihn vorbeikommen sahe. Rübezahl lachte und sagte: Sehet, so müßt Ihr aufkasten und fahren; sonsten lohnet's nicht der Mühe, es so weit herunterzuholen. Der Mann dankete ihm gar sehr und bat, daß er s ihm auch vollends nach Hause helfen wollte. Er besann sich ein wenig, sagte drauf: Weil es nahe am Dorfe ist, kann es schon geschehen; ziehet, ich will nachschieben! Drauf brachten sie des Mannes Schlitten zuerst nach Hause. Der Baur sagte zu seinem Weibe, die sich über ihres Mannes baldige und glückliche Wiederkunft sehr erfreuete, sie sollte nun geschwind eine warme Stube machen, es würde nicht gar lange sein, so würde er mehr Holz bringen. Sie tat's. Inmittelst gingen diese beide und brachten den andern Schlitten auch herzugeschleppt; Weib und Kinder freueten sich, da sie sahen das viele Holz ankommen. Der Mann nötigte seinen Mithelfer darauf ins Haus und in die Stube; er ging endlich hinein. Er sahe, daß bei den guten Leuten wenig mochte zum besten sein; drum ließ er sich mit dem guten Willen begnügen. Der Mann trug auf, was seine Wenigkeit vermochte, und bat, daß er sagen wollte, was er ihm vor seine Mühe gäbe. Rübezahl sagte: Gebet, was Euch dünket recht zu sein, Ihr werdet's ja verstehen; doch sehe ich wohl, Ihr bedürft's selbst. Der Mann gab ihm drei Groschen, sagte, mehr hätte er nicht, sonst wollte er ihm gerne mehr geben; denn er wüßte, daß er's verdient hätte. Damit war auch unser dienstfertiger Rübezahl zufrieden. Die Leute hatten zwei Kinder: die warme Stube hatte sie hinter dem Ofen weggetrieben, die liefen in der Stube herum und machten ihm Zeitvertreib. Das eine Kind, so ein munter Knab, gefiel unseren guten Rübezahl dermaßen, daß er stets auf sein Tun Acht hatte; griff darauf in seine starke Ficke und sagte zu ihm: Komm her, schau! hier will ich dir ein paar Knippküdulchen schenken, spiele damit! Der Knabe war beherzt, griff vor Freuden zu und sprang damit herum. Der andre aber wollte nicht kommen, doch schmiß Rübezahl ihm einen zu, weil er sahe, daß er traurig wurde, damit er sich mit seinem Bruder freuete. Hierauf nahm er Abschied von ihnen, zog mit seinem Schlitten immer dem Gebürge zu; der Mann gab ihm ein Feldweges das Geleite und kehrte wieder zu seiner Hütte. Nach einer guten Weile, als die Eltern mit den Kindern wegen der Käulchen halben ihre Freude hatten und eines davon besahen, wurden sie innen, daß es pur gediegen Gold war. Sie waren dessen froh und sehr benötigt, konnten eine gute Weile davon haushalten. Sein Nachbar, deme es dieser Mann vertrauet, gedachte selbiges Glück auf solche Art auch zu erlangen, ging aus nach Holz; es wollte aber keiner zu Hülfe kommen, mußte also seinen Schlitten ledig wieder zu Hause schleppen.

78. Rübezahl wird zu Gevatter gebeten.

Ein verzweifelter Schöps, der umb alles das Seinige kommen war und in der Bierkanne abgebrannt wäre, wenn er seine Magensglut nicht stets gedämpfet und ohn Unterlaß mit Bier geleschet hätte, solcher verzweifelter Kerl bekehrete sich dermaleins und wünschete, daß ihm der liebe Gott doch aufs neue etwas bescheren möchte; so wollte er gemacher tun, eingezogener und ratsamer leben. Ja, er bat Tag und Nacht, daß er doch ein Kindchen möchte kriegen, alldieweil er gehöret, daß damit zugleich Segen erlanget würde: denn, spricht man, bescheret Gott ein Häslein, so bescheret er auch ein Gräslein. Und indem kömmt seine Frau in die Wochen; drauf er ausgehet, in Willens, die drei ersten Leute, so ihm begegnen würden, zu Gevattern zu bitten. Und unter solchen Vorhaben kömmt ihm auch der unerkannte Rübezahl vor, den er als einen Reisefertigen anredet und einen mündlichen Gevatterbrief zustellet. Drauf solcher sich bedanket und entschuldiget, daß er zwar selber nicht stehen könnte; doch damit seine Gegenwart nit gänzlich außenbliebe, so wollte er ihme hiermit ein Denkmal übergeben haben: und löset drauf sein Knie- oder Hosen-band ab, zur künftigen Windelschnur. Weiter schenket er ihme auch sein Schurzfell, darein er das Kind wickeln sollte lassen. Mit dieser Verehrung schlendert der Vater nach Hause und bringet seinen Weib und Kinde mit, was er bekommen. Indem er aber die Windel aufschläget, da war sie umb und umb voll lauter böhmische Groschen gesticket gewesen; die Schnur aber hatte nach der Reihe anderthalbhundert Dukaten an sich gehabt. Das laßt mir ein Patengeschenke sein, damit man ein Baur-Kindelbier ausrichten kann, und noch etliche Pfennige übrig behalten!

79. Rübezahl gibt einen Hochzeitgast.

Einsmals reitet er selb dritte aus und kommt in ein Dorf, da haben zwei arme junge Leute Hochzeit. Nun ist es an etlichen Orten Brauch, daß die Braut mit ihren Gästen in die Schenke zum Tanze gehet. Dieser bittet den Bräutigam, er wolle ihm vergönnen, mit seiner Braut einen Ehrentanz zu tun. Der Bräutigam lässet es ihm zu. Unter dem Tanz verehret er der Braut zwei rote Bänder und bindet ihr solche umb die Hand; verehret auch dem Bräutigam ein Stück Geld, eines Talers groß. Er bleibet über Nacht mit seinen bei sich habenden zween Reutern in der Schenke, bezahlet alles, was er verzehret. Der Wirt bestellet aber bei dem Bräutigam, er solle ihm die Ehre tun und ihn zum Frühstücke bitten; er kommt aber nicht, sondern reitet fort. Wie die Gäste nun wieder zusammenkommen, weiset er ihnen das Geschenke. Sie sehen es alle an, wissen aber nicht, was es ist. Als der Pfarr-herr auch hinkommt, so weiset er ihme solches auch. Wie er es in die Hand nimmt, so ist es, da es zuvor weiß wie ein Taler gewesen, ein schöner Portu-galeser. Die Braut weiset ihre zwei roten Bänder. Als sie der Pfarrherr auch in die Hand nimmt, so sind es zwei schöne Armbänder. Das war ein gut Geschenk vor arme junge Eheleute!

80. Rübezahl beschenket die H. drei Könige.

In Böhmen ist vor vielen Jahren der Brauch gewesen, welcher auch noch ist, daß die Böhmen mit dem Sterne, Josepho, Maria und dem Kind-lein Jesu über das Gebürge gegangen. Es sind nicht nur Knaben gewesen, als man hier in Städten im Brauch hat, sondern Männer, welche sich deren Sachen beflissen haben. Einsmals gehen sie auch über das Gebürge bei rauhem Winter, kommen auch in ein Wirtshaus, bitten den Wirt umb Herberge, weil es später Abend gewesen. Er lässet sie hinein. Die Jungfrau Maria, als ein kleiner Knabe, ist sehr erfroren. Der Wirt machet ihr bald ein warm Bier, daß sie sich erholen kann. Es kommen andere Gäste hinein, zehren umb ihr Geld; sie lassen ihnen Komödien spielen, welches dem Wirte wohl gefiele.

Frühmorgens mußten sie solches dem Wirte allein spielen; der verehret einem jedweden drei Groschen, der Jungfrau Mariae aber sechs Groschen und dem Kindlein einen Reichstaler; lässet sie also fort und lässet ihnen den Weg durchs Gebürge weisen. Wie sie in die erste Herberge kommen, so erzählen sie es und weisen das Geld, was ein jeder empfangen, sind dessen froh; wie sie es aber anschauen, so sind die Groschen alle Dukaten, und der Reichstaler, welchen er dem Jesu=Kindlein verehret, ist ein Portugaleser gewesen. Einer aber unter ihnen, der auch drei Groschen bekommen, und zu Dukaten worden sind, der saget, das hätte gewiß der Rübezahl getan, und bald Gutes bald Böses von ihme geredet. Als er einen von seinen drei Groschen, welche zu Dukaten geworden, verwechseln wollte, ist er ein Groschen vor und nach geblieben, wie auch die andern zween Dukaten. Die andern haben ihn ausgelachet. Dieses ist seine Strafe gewesen.

81. Rübezahl bescheret einem Bauren Karfunkelsteine.

Ein schlesischer Studente erzählte mir folgendes: wie nämlich ein Bauersmann aufs Gebürge gangen sei, Holz zu fällen, welches er auch, dem Vornehmen nach, glücklich verrichtet hat. Wie er aber endlich müde drüber geworden, soll er sich droben auf eines Schäfers Seite und sein Ohr niedergeleget und ein wenig ausgeschlummert haben. Nachdem er aber wieder erwachet, soll er neben sich einen schönen glänzenden Felsen erblickt haben, der ihme nach seinem Kälberverstande auch ein wenig behaget; derentwegen er seine Axt gefasset und etliche Stücke heruntergeklopfet hat, in Willens, solche mit sich zu nehmen und seinen jungen Päntschen zu geben, damit sie Spielwerk hätten (indem er solche glänzende Steine für die lange Weile ein wenig besser geschätzet als die gemeinen Feldsteine). Wie er also nach Hause gekommen, übergibt er seinen Kindern die mitgebrachten Steine, welche auch darmit spielen, bis bald ein Jubilierer des Ortes gereiset und solche gesehen hat. Da soll dieser Reisender vom Bauern gefraget haben, was er für die Steine begehre, er wolle sie ihm abhandeln. Der Bauer soll sich gewundert und gefragt haben, was er mit dem Quarge wollte machen; es wären ja nur Steine, die vielleicht nicht viel besser möchten sein als die andern auf der Gasse. Der Jubilierer hat weiter gesaget, er möchte nur etwas fordern, er wollte ihm

gerne Geld dafür geben. Drauf soll der Bauer für die lange Weile gesprochen
haben: Je, habt Ihr des Geldes zu viel, so gebt mir sechs Groschen, so möget
Ihr den Dreck mitsamt dem Heil hinnehmen! Hierauf hat der Jubilierer
gesaget: Hier habt Ihr sechs Taler. Wer war allhier froher gewesen als sie
alle beide?

82. Rübezahl verwandelt sich in einen Esel.

Ich weiß mich zu entsinnen,
daß ich einsmals mit
einem Manne geredet habe,
welcher aus der Fremde gekommen und sonderlich in
Ost=Indien sich lange aufgehalten hatte. Dieser sagte,
daß er einsmals des Nach-
tes gereiset hätte, und nachdem er müde gewesen, sich
beim Mondenscheine nach
etwas umgesehen, drauf er
sitzen und ruhen möchte; da habe er gemeinet, es läge nicht ferne von ihm ein
Klotz oder Block, worauf er sich alsbald niedergelassen. Doch ist er hernach
inne geworden, daß es eine greuliche dicke Schlange gewesen, indem es sich
gereget und fortgekrochen. Diesem Betruge soll auch der Rübezahl einmal
ziemlich nachgekommen sein; indem etwan ein Glaser so über das Gebürge
gegangen und über die schwere Last des Glases, so er aufn Puckel gehabt, müde
geworden und sich ebenmäßig nach einem Sessel umgeschauet, worauf er ein
wenig ausruhen möchte. Was geschicht? Der Rübezahl, als ein schlauner Geist
und gedankenkündiger Gast, verstehet des Glasers Verlangen und verwandelt
sich drauf in einen runden Klotz, den der Glaser im Wege nicht lange hernach
antrifft und mit frohen Mute auf solchen sitzen gehet. Doch währet diese Freude
auch mit dem ermüdeten Glaser nicht lange: sintemal, da er im besten Ruhen
ist und auf kein Arges oder Hinterlist Besorgung träget, der runde Klotz sich
freiwillig unter dem Glaser so geschwinde wegwälzet, daß der arme Kerl mit-

samt dem Glase zu Boden schläget und alle Scheiben in etzliche tausend Stücklein zerbricht. Nach diesem Fall hat sich der Mann wieder in die Höhe ge-
richt und zwar nach dem Blocke sich weiter nicht umgesehen, als welcher sich
schleunig aus dem Staube gemacht und in etwas anders verwandelt hat, wie
wir hernach hören werden. Doch hat selbiger betrübter Glaser bitterlich angefangen zu weinen und seinen Schaden, den er ungefähr erlitten, beseufzet; ja,
er ist auch zugleich in etwas mit weiter fortgegangen. Da ist ihm bald der
verstellete Rübezahl in eines Menschen und zwar Reisenden Gestalt erschienen,
fragende: was er doch so weine und worüber er Leid trage. Drauf hat der
befragte Glaser den ganzen Handel von vorne an erzählet. Wie er nämlich
allhier auf einem Blocke gesessen, in Willens habend, etwas auszuruhen, da
wäre er von solchem mitsamt dem Glase heruntergeschlagen und hätte alles
Glas, das ihme wohl acht Taler kostete, zerbrochen; ja, er wüßte nicht, wo
er sich wieder erholen sollte und diesen Schaden auswetzen oder ersetzen. Hierauf hat der mitleidende Rübezahl ihme endlich zugeredet, er solle sich zufrieden
geben: er wolle selber helfen, daß er in kurzen zu allen Verlust wiederumb gerate und auch wohl noch Profit erhalte. Nämlich, er hat weiter gesagt und
den Possen entdecket, daß er es gewesen: als welcher sich zuerste in den Block
verwandelt und hernach fortgewälzet hätte. Doch solle er nur guts Muts sein.
Er, der Rübezahl, wolle sich ferner in einen Esel verwandeln: solchen sollte der
Glaser mit sich führen und unter dem Gebürge einem Müller verkaufen, doch
nach überkommenen Gelde sich wieder davonmachen. Was geschicht? In Eile
wird Rübezahl in einen Esel verwandelt; drauf setzt er sich, der Glaser, nach
überkommene Parol, getrost, reitet solchen vom Gebürge herunter und präsentieret ihn einem Müller, bietet ihn auch feil vor zehen Taler und bekömmt
darauf bald neune, weil der Esel dem Müller so sehr wohlgefallen. Der Glaser
aber hat solches Geld ohne Säumung eingestecket und ist seines Weges fortgegangen. Was den Calvinischen oder reformierten Esel weiter belanget, so
ist solcher damaln in einem Stall getan oder gesperret worden, in welchem
des Müllers Knecht ihn hernach besuchet und Heu zu fressen vorgeleget; darzu
er auf bileamsche Eselsweise angefangen zu reden und gesprochen: Ich fresse
kein Heu, sondern lauter Gebratens und Gebackens. Wie der Knappe diesen
eruditum Asinum so ungewöhnlich apulesieren mit Bestürzung gehöret, ist

er flugs davongelaufen, als wie ihm der Kopf und der Arsch brännte und hat seinem Herrn diese neue Post gebracht, daß er einen sprachkundigen Esel hätte. Solches nimmt den Müller auch nunmehr Wunder und eilet flugs zum Stalle, zu dem Gesellen, zuzuhören. Aber sobald er auffiehet, ist er verschwunden, und hat den guten Müller umb neun Taler betrogen; doch welcher zuvor vielleicht anderen Leuten so viel Werts Mehl abgestohlen hat. Hat also der Rübezahl hierinnen Abrechnung gehalten.

83. Rübezahl zerschlägt einen Haufen Töpfe.

Im Anfange des Frühlings war ein Jahrmarkt in einer schlesischen Stadt, darauf zog auch unter andern eine Töpfersfraue mit einem ganzen Wagen voll Töpfe hin. Solche hörete unterwegens zum erstenmal den Storch klappern. Da fing sie an nach dem alten Aberglauben zu sagen: Ho, ho, ich werde dies Jahr ein Haufen Töpfe machen. Solches hörete bald der Rübezahl und sprang auf den Wagen los, sagende: Nein, gutes Weib, du hast die Töpfe schon gemacht; ich will sie jetzund alle zubrechen, damit du ja, so du welche machen willst, Anlaß habest, umzukehren und neue zu machen. Und indem sprang er unter die Töpfe herumb wie ein unsinniges Pferd, schlug und zerschmetterte sie alle miteinander und ließ das Weib mit dem leeren Wagen davonfahren; welches denn nicht ohne Heulen und Schreien geschahe, daß sie ihren Markt so elendiglich verscherzet hatte. Und also meinete das Weib, es wäre nunmehr mit ihre Kerms alles aus, und wünschte nur allein, daß sie den Kopf nicht verlüre, weil sie so erbärmlich umb das Topfzeug gekommen wäre. Indeme sie also Jammer schlaget, da siehet sie vor sich vom Wagen herunter und erblicket einen ziemlichen Beutel voll Geld; darüber sie wieder froh wird und ihres vorigen Leides vergisset, weil sie jetzt mehr gewonnen als vorher verloren hat. Das heißt Markt gehalten auf dem Wege und die zerbrochene Töpfe teurer losgeworden als die ganzen!

84. Rübezahl vexieret einen Junkern.

Im Jahre 1532 hat einer von Adel, ein rechter Tyrann und Wüterich, einem seiner Untertanen oder Bauren auferlegt, er solle ihm eine überaus große Eiche ausm Walde mit seinen Pferden und Wagen heimführen, mit heftiger Betrauung höchster Strafe und Ungnade, da er solches nicht tun und solchen Befehl nicht nachkommen werde. Der Bauer sahe, daß es ihm unmüglich war, seines Junkern Befehl zu verrichten; ist mit Seufzen und großer Klag in den Wald gangen. Da kömmt zu ihm der Rübezahl in eines Menschen Gestalt und fragt, was die Ursache sei solches seines Herzeleids und Kümmernüs. Demselbigen erzählet der Bauer den ganzen Handel nacheinander. Der Rübezahl spricht, er soll guts Muts und unbekümmert sein, und nur wiederumb heim zu Hause gehen, denn er wohl die Eiche seinem Junkern oder Lehnherrn balde und ohne Verzug in seinen Hof führen wollte. Als nun der Bauer kaum recht heimkommen war, nimmt der Rübezahl die große ungeheure schwere Eiche samt ihren dicken und starken Ästen und wirft sie dem Edelmann für seinen Hof, und vermacht und versperret ihm mit dem Stamme und großen ungeheuren Ästen dermaßen das Tor, daß er weder aus noch ein hat kommen können. Und dieweil die Eiche härter als Stahl worden war, also, daß sie auf keinerlei Weise und Wege, auch mit ganzer Gewalt nicht, könnte zerhauen oder zerschlagen werden, hat der Edelmann aus unvermeidlicher Not an einem andern Orte im Hofe müssen durch die Mauren brechen und einen Tor nicht ohne große Beschwerung und Unkosten machen und zurichten lassen.

85. Rübezahl ist ein Sämann.

Ein unbilliger Schösser hatte vor vielen Jahren von einem notdürftigen und armen Manne etliche Scheffel seines Getreide zur Auspfändung wegnehmen lassen, in Willens, solches auf seinen Acker zu streuen, dazu er aber einen neuen Knecht bedurft gehabt hat, weil der vorige gleich entlaufen gewesen. Was geschicht? Der Rübezahl als ein heimlicher Rächer gibt sich für einen verständigen Knecht aus, stellet sich in vielen untergebenen Geschäften getreu und fleißig, und überkommet auch also das Korn vom Schösser auf dessen Acker zu säen. Immittelst bringt er aber das anvertraute Getreide dem notleidenden Manne wieder hin, welchem es vorher geraubet war. Hingegen aber gebrauchet er sich allerhand Unkrautssamen und bestreuet damit die begehrten Gründe oder Äcker; kehret zu seinem Herrn dem Schösser, wie recht, verrichtete mehr Arbeit und hielt sein versprochenes Halbjahr im Dienste aus, nach welchem er, gleichsam als ein getreuer Diener, seinen rechtmäßigen Abschied begehrte und erlangte. Hierauf nahete es sich auch endlich zu solcher Zeit hin, da das Korn hervorkömmt, wächset und reifet. Siehe, da hat der Schösser lauter Disteln zu ernten und keinen guten Kornhalm zu erwarten. Ei, wie bestand allhier der geizige Matz? Wie Butter an der Sonnen. In seinem Kopfe war es nicht anders beschaffen, als daß er trefflich schön Getreide vom Acker wollte nehmen lassen; aber Gott hatte durch den Rübezahl die vergeblichen Gedanken in folgende Antwort verzehret: Dorn und Disteln soll er dir tragen, es mag dir Hudler behagen oder nicht, so muß ich es dir doch sagen, dich mit dieser Strafe plagen, dein Gewissen nagen und dir ein verdientes Hauskreuz schlagen.

86. Rübezahl wird ein Holzhacker.

Einsmals soll dieses Betrügnis zu einem Bürger in Hirschberg, der einen Tagelöhner bedürftig gewesen, angekommen sein; hat seine Dienste zum Holzhacken präsentieret und vor die Bemühung nicht mehr als nur eine Hucke Holz gefordert. Dieses alles heißet der Hauswirt gut, gehet den Vorschlag ein und zeiget ihm etliche viel Fuder, darbei gedenkende, er wolle ihm noch etliche Mitgehülfen zugesellen. Aber hierzu spricht der Rübezahl: Nein, es ist unnötig; ich will es alles selber wohl alleine bezwingen. Darauf redet ihn der Herr noch ferner an, fragende: wo er denn die Axt habe? Sintemal er keine bei dem gedungenen Knechte vermerkte. Darauf antwortete der Rübezahl: Ich will bald eine kriegen. Und erwischte hiemit sein linkes Bein, zog solches mit dem Fuße aus den Lenden heraus und hieb, wie er toll und rasend wäre, wider drauf erfolgende Verhinderung alles Holz in einer Viertelstunde gar kurz und in kleine Scheite; dazu sich sein ausgerissener Fuß viel tausendmal hurtiger als die schärfste Axt erzeigete. Immittelst aber rief der Hauswirt immer, was er rufen konnte (weil er flugs Unrats vermerkte), daß der abenteuerliche Hacker einhalten sollte und sich aus dem Hofe packen. Der Rübezahl aber sagte immer: Nein, ich will nicht aus der Stelle weichen, ehe ich mein Holz klein gemacht habe und mein Lohn davon trage. Und unter solchem Gezanke ward der Rübezahl gleich fertig, steckte sein Bein wieder hinein (indem er vorher nur auf dem einen nach Storchsmanier gestanden) und sackete alles geschlagene Holz über einen Haufen auf seinen Buckel (es waren aber bei vier Klafter) und spazierete für allen Hänger zur selb beliebten Belohnung hiemit davon, ließ den Wirt schreien und wehklagen, so viel er immer wollte. Worumb aber? ist denn dieser Geist so unbillich und schadhaftig? Nein, sondern Gott verhängte ihm, die Ungerechtigkeit bisweilen an den boshaftigen Menschen zu strafen. Nämlich, der gedachte Wirt hatte das vorige Holz aus der Ferne durch etliche arme Bauren zu sich fahren lassen, umb ein gewisses Lohn, welches aber der meineidische Mensch, leider! den bedienten und den darauf wartenden Bauren nicht gehalten hat, indem er sie nur mit der Nase herumgeführet und das Maul geschmieret hat. Ferner soll man auch darauf gehöret haben, daß dieser Rübezahl sein entführetes Holz den abgewiesenen Bauren einzeln vors Haus geworfen habe, es ihnen verehret und etlichen die Sache dabei nebenst der Rache erzählet haben.

87. Rübezahl wird ein Drescher.

Unter andern kurzweiligen Beginnen, so der Rübezahl vorgenommen, ist auch dieses vorgelaufen: daß er nämlich auf eine Zeit sich in einen Drescher verstellet hat und in dergleichen Habit zu einem Bauer in die Scheune gekommen ist, sagende, ob er seiner bedürfe, so wollte er ihm helfen das Korn ausdreschen. Was geschicht? Sie dingen miteinander und werden eins, daß der Bauer dem unbekannten Rübezahl vor die begehrte Mühe und Tageslohn zu Ende so viel Korn mitgeben will, als er immer auf einmal aufsacken kann. Drauf schlägt der Rübezahl lustig mit aufs Korn los und hilft einen Tag oder etliche wacker dreschen, bis die bestimmte Zeit aus ist. Da begehrt der Rübezahl seinen Abschied, und weil der Bauer ihm so viel mitzunehmen versprochen hatte, als er auf einmal tragen könnte, so sackt er die ganze Scheune mitsamt dem Bauer und Korn auf seinen Puckel und 30 Bundschuch; denn so weit hab ich es nur gehöret und habe es von unterschiedlichen glaubwürdigen Personen nicht ausführlicher erfragen können; derentwegen ich es auch als ein gewissenhaftiger Analista oder Historicus nicht länger habe zerren in Andichtung wollen. Freilich kann sonsten gar wohl ein kuriofer Mensch anhalten und fragen, was denn weiter draus geworden sei. Ob der Rübezahl richtig ohne Betrug mit der Scheune darvongemarschieret und wohin er damit geraten sei? ob er vielleicht nach seiner Schneekippe damit hingewandert und desjenigen Baurens (von welchen wir oben gesagt) Korn in solcher abladen und schütten lassen?

88. Rübezahl macht Würste.

Vorweilen soll ein Hausmann etliche Schweine haben schlachten lassen und einen Schlächter darzu gedünget haben, Würste daraus zu machen und das übrige auf eine andere Art zu gebrauchen. Hierzu soll sich aber in verborgener Gestalt der Rübezahl gefunden haben, der für alle seine Mühe vom Wirte nichts mehr begehret als nur so viel Würste, so viel er in einer Mahlzeit bezwingen möchte. Der Hausmann lässet ihme die Kurzweile schon gefallen, gedenkende, daß es so eben viel nicht sein könnte, was der Schlächter fressen würde: und übergibet also das Sauwerk dem gedungenen Abenteurer. Dieser machet sich hurtig drüber her, verfertiget seine Arbeit aufs allerbeste, und wie die Würste nunmehr auch alle gekochet gewesen, da spricht er zum Hausherrn, daß er fast hungrig wäre und seine Würste, dem Verlaß nach, gerne jetzund aufschmausen wollte. Wohlan, sagt jener, friß, daß du satt wirst. Und hiemit setzte sich der Rübezahl bei alle vier große Kessel und fraß über die anderthalb hundert Würste ohne einige Abwehrung in seinen unersättlichen Magensabgrund hinein. Drüber der Hausherr teils erstarret, teils auch aus Zorn ergrimmet wird und einen großen böhmischen Ohrlöffel hervorsuchet, den unverschämten Wurstfresser damit abzuschmieren; wie es denn Rübezahl auch geschehen lässet und gleichsam etliche harte Püffe ausstehet, ja sich so zudreschen lässet, daß er für gestellte Herzensangst vier große Scheißhaufen nacheinander im Hause, für die vier ausgefressene Kessel, hinsetzet und davonläufet. Lasset mir das eine Wurstkomödie (a comedendo) sein. Wie denn, Komödie? Lief es doch gar elende ab: es möchte vielmehr eine Tragödie sein. Nein, das Beste steckt noch darhinter! Es ist der Herr noch nicht so sehr beschissen worden, wie du wohl meinest. Denn wie der Knecht den Unflat wegreimen müssen, da hat er unter alle Haufen etliche Dukaten gefunden; und eine Stunde hernach hat er der Herre selber alle seine Würste nach der Reige ringsumher in den Garten an die Wände gar zierlich aufgehängt gefunden, also, daß es zu ein recht Wurstgaudium hinausgelaufen. Und warumb sollte es denn nicht, nach diesem Verlauf, eine Komödie können genennet werden?

89. Rübezahl säuft ärger als eine Schindersau.

Rübezahl kommt in einer bekannten Stadt zu einem Bierbrauer, fragende, wieviel er wohl Geld von ihm nehme, daß er sich recht satt trinken möchte. Der Brauer fordert einen Reichstaler, vermeinende, wenn er einen halben Taler versoffen, würde er nicht mehr auf den Füßen stehen können; lässet ihn nur zum Possen in das Brauhaus gehen, aus der Bütte, worinnen ein ganz Gebräue Bier gestanden, mit einer Kanne so lange schöpfen und trinken, bis er gnug hätte. Als Rübezahl dieses erlanget, säufet er so viel heraus, daß es schon über die Hälfte hinweg kommen; worüber dem Wirt angst und bange worden, ihn wollen hinweg schlagen. Als er aber ihn allein nicht zwingen können, laufet er in das Vorderhaus, seine Knechte zu Hülfe zu nehmen. Ehe sie aber kaum ins Brauhaus kommen, ist das Bier alle hinweg und der Kerl auch nicht mehr zu finden. Welches den Leuten so wunderlich vorgekommen, daß sie nicht gewußt, was es zu bedeuten hätte.

90. Rübezahl führet Wurzeln und Kräuter zu Markte auf einen Karrn oder Ziegenbock.

Viele Seltenheiten hat oft gedachter Berggeist die Zeit zu passieren angegeben. Einsmals wollte er in einer nahe am Gebürge gelegenen Stadt reisen, und wußte eigentlich nicht, was er darinnen fürnehme zu verrichten. Dahero entschloß er bei sich, Wurzeln und Kräuter hineinzufahren, solche vor Rüben, Möhren und Kohl, als wann er's von Liegnitz heraufgebracht, zu verkaufen. Als er nun ein gut Teil der Kräuter beisammen hatte, mangelte ihm ein Schiebkarren, damit er's fortbringen könnte; ging derohalben bei dem nächsten Dorf zu einer Herde, holete ihm einen stattlichen Ziegenbock und band demselben einen Korb voll seiner Ware auf dem Puckel; fassete ihn darauf bei den Hinterbeinen und trabete also mit ihm nach der Stadt zu. Unterwegs erwischte er einen Bären, den band er feste an des Bocks Hörner, daß er mitziehen mußte. Sobald sie das Stadttor erreicht hatten, hub Rübezahl an, seine Waren auszurufen; da denn die Leute, so solches höreten, stehen blieben und den Ausrufer ansahen und endlich fragten, was er da habe; denn sie konnten ihn nicht recht verstehen, weil er heiser schrie. Bisweilen fing der Bock an zu meckern und reckte die Zunge heraus, daß es recht possierlich anzusehen war, denn dieser mochte seiner Last zu tragen genug haben; gleichwohl wollte dieser Kräuterbaur seine Ware los sein. Als er nun nebst einem Gefolge die Gasse hinauffuhr und nahe an den Markt kam, begunnte er wieder zu rufen und zu schreien; darauf eilte viel Volks herzu, daß sie sehen möchten, was er da hätte. Mit dieser Manier, und weil dieser Mann seine Sachen wohl zu loben wußte, auch sonst guten Kauf gab, wurde er sie bald los. Nun wäre er auch gerne seinen Karren los gewesen, es wollte sich aber kein Käufer dazu finden; sagten: Es ist ein alter böser Karrn, Ihr mögt ihn immer weggeben. Rübezahl sagte: Das laß ich wohl bleiben; sehet, ihr guten Leute, was dies noch vor ein guter brauchbarer Karren ist! Setzte sich damit auf den Bock und ritte als ein stolzer Reiter immer zum Tore hinaus. Ein jeder, der es mitansahe, verwunderte sich über diese possierliche Reiterei, sonderlich über den Bären, der sich tummeln mußte, daß er vor Angst nicht wußte, wohin. Nachdem nun dieser fort war und die Leute ihre gekaufte Sachen recht besahen, wurden sie gewahr, daß anstatt der Küchenspeise sie allerhand rare Wurzeln und Kräuter bekommen hatten; womit sie endlich gar wohl zufrieden waren, indem sie ihr ausgelegtes Geld dreifach daraus wieder löseten.

91. Rübezahl kauft einem Bauren Korn ab.

Es hat unlängst ein Bauer seinen Wagen ziemlich mit Korn beladen, und solches über das Gebürge führen wollen, etwan in Böhmen es zu verkaufen. Unterwegens aber, nämlich auf dem Gebürge, kömmt der Rübezahl zu ihm in Gestalt eines Hauswirts. Fraget, was er aufgeladen. Der Bauersmann antwortet: Ich habe Korn, solches gedenke ich loszuschlagen und Geld dafür zu machen. Rübezahl fraget weiters, ob er's ihme nicht verkaufen wolle, so wolle er ihm geben, was er begehre. Drauf antwortet der Bauer (welcher flugs verspürete, es müsse Rübezahl sein, ließ sich aber nichts darbei merken, weil er wohl wußte, daß ihm nichts widerfahren würde, wenn er es gut würde meinen und machen; ja, er bildete sich bald ein, daß er noch wohl einen großen Schatz darvonbringen möchte): er wolle es ihm gar gerne überlassen und begehrte auch nichts zu fordern; er möchte bekommen, was es sein würde. Drauf heißt der Rübezahl ihn mitfahren. Und nachdem sie ein wenig fürter gekommen, präsentieret der tausendkünstliche Rübezahl etwan eine Behausung: darin muß der Bauer hineinfahren und das Korn abwerfen. Hernach führete er ihn in einen tiefen Keller, woraus er mit diesem Bauren alle Kornsäcke voll (so der Rübezahl geschwinde, ich weiß nicht mit was, angefüllet hatte) hilft tragen und auf den Wagen laden, welche er zum Rekompens lieferte, darbei sagende: er sollte damit nach Hause fahren, doch solle er nicht etwan einen Sack aus Vorwitz auflösen; er solle vielmehr, wenn er nicht aufn Wege könnte fortkommen, einen ganzen Sack unaufgebunden abwerfen. Was geschicht? Der Bauer fähret in frohem Mute fort, und der Rübezahl hilft auch eine Meile fortschieben, weil die Last allgemählich sich bezeigete schwer zu sein. Doch gehet endlich der Rübezahl darvon und läßt den Bauer alleine fahren: welcher zwar eine Weile kann fortkommen, hernach aber bestecken bleibet, indem die Pferde durchaus nicht aus der Stelle den Wagen vor Schwerheit bringen mögen. Da fänget der Bauer an abzuladen und wirft nach empfangenen Befehl gehorsamlich einen Sack herunter, und fährt mit den andern fort. Doch ist er abermal kaum einen Steinwurf förder geraten, da wird er nochmaln genötiget, weil das Viehe anfänget zu schwitzen, einen neuen Sack hinwegzuräumen. Worauf er dann wieder befindet, daß der Wagen in etwas erleuchtert geworden; fähret also von dannen. Doch geschiehet es abermal nicht lange hernach, daß er den dritten, vierten und fünften Sack nacheinander vom Wagen stürzen muß und zuletzt nur einen behält: womit er denn gewiß gedenket nach Hause zu kommen. Aber es gerät auf die vorige Art auch mit diesem Sack, sintemal er ebenmäßig dem Viehe zu schwer wird, daß er auch feste aufm Wege stecken blieb. Drüber ergrimmete endlich der gute und also geizige Bauer und fluchte aus Ungeduld etliche tausend Teufel auf den Rübezahl los, daß er ihn nunmehr so sehr betrogen hätte; steiget auch aufn Wagen und will gleichwohl endlich wissen, was im Sacke ist: löset ihn auf und findet lauter schwarz Zeug, das etwa wie Kohlen ausgesehen hat. Solches schüttet er alles miteinander auf die Erde und fähret mit dem einen ledigen Sacke nach Hause. Wie er aber daheime ist und ihm die Grillen in Kopf kommen wegen Verlust des Korns und der Säcke, da nimmt er diesen letzten Sack noch einmal für und will ihn recht ausstauben, damit er nicht schwarz bleibe. Aber was geschicht? Da fallen aus solchem Sacke haufenweise viel Körner gediegen Goldes; darüber der Bauer lustig wird, die Körner zusammensammelt und nach dem Wert gar viel über den Verlust prosperiert befunden, bedaurende, daß er es alles aus dem letzten Sacke geschüttet und nicht etwan ein halb Maß drinne behalten habe, welches vielleicht jetzo lauter Gold wäre. Aber in diesen Gedanken ist der einfältige Schöps wohl betrogen geworden: sintemal ich meines Achtens dafür halte, daß wohl nichts mehr in allen Säcken als diese vermeinte übergebliebene Körnlein gewesen sein: indem den übrigen Raum, zweifelsohne, der Rübezahl mit seinen Gesellen wird aufgeblasen und beschweret haben; ja, welcher Rübezahl auch bis zuletzte in dem äußersten Sacke kann verharret und das eingeladene Gold richtig verwahret haben, damit es der Bauer nicht verschütte.

92. Rübezahl kauft einem einen Ochsen ab.

Ein Verkäufer hatte vor diesem etliche Stücke Rindvieh über das Gebürge gejaget: darüber war der Rübezahl zu Maße gekommen und hatte etliche Ochsen gefeilschet und sich auch umb ein Gewisses mit dem Manne verglichen. Zur Zahlung aber hatte der abenteuerliche Geist dem Verkäufer lauter Reichstaler gegeben, welche nach rechter Besichtigung, welche etliche Stunden hernach geschehen, meistenteils geschnittene Scheiben von trockenen Rüben waren. Hierüber erschrak der Besitzer aus der Maßen sehr und gedachte, daß er gar gewiß in allem betrogen wäre. Aber wie er eigentlicher seinen Schiebesack ausschüttet, da findet er nicht wenig Körner gediegen Goldes darunter: womit er überflüssiger bezahlet war, als wenn er bei den rechten Talern verblieben wäre. Das lasset mir einen Rübezahl sein, welcher sich mit Rüben bezahlet und auch seinem Creditori wider Hoffnung dadurch Vergnügsamkeit leistet!

93. Rübezahl kaufet Hopfen.

Es soll vor Jahren ein Hopfenkäufer oder Verkäufer über das Gebürge mit seinem Karrn gezogen sein, da ihme der Rübezahl begegnet, den Hopfen gefeilschet und den Mann hat mit sich fahren heißen. Indem nun der Handel geschlossen, fällt dem Verkäufer alsobald ein, daß es der Geist und Beherrscher des Gebürges sein würde; darumb stellete er sich desto williger, fuhr gern mit und setzte es gänzlich in des Rübezahls Beliebung, was er ihm für den gelieferten Hopfen geben würde. Wie nun also die Ware abgetragen, da sagte der Rübezahl: Weil du so willig gewesen, so sollst du zur Dankbarkeit diese Belohnung empfangen. Hierauf gab er ihme einen Zaum, daran, wie es damals schiene, ein eisernes Maulgebiß. Solchen nahm der Hopfenmann auf und bedankte sich gar sehr für dasselbige Geschenke, gedenkende: es wird wohl besser werden. Und indeme scheiden sie beide voneinander, und fuhr der Mann seine Wege. Wie er eine Ecke fürüber geraten, da beschauete er seinen Zaum mit Verwunderung und guter Hoffnung, ob er vielleicht möchte zu Golde geworden sein. Aber er war noch wie vor ledern und eisern, welches den geizigen Manne wundernahm, sein Glück bedauerte, seinen Hopfen verlustig schätzte und sich betrogen hielte: da er meinete, es wäre nunmehr Hopfen, Malz und alles verlohren; welches er so ofte gedachte, als er den Zaum aus seinen Schiebesacke mit besserer Hoffnung vergeblich hervorzoge: bis er endlich aus Verdruß bewogen ward und den Zaum für allen Kuckuck über den Wagen warf und also betrübt nach Hause fuhr, ohne Hopfen und ferner Hoffen. Aber siehe, was geschiehet? Wie er sein Pferd ausgespannet und den Karrn unter das Dach schieben wollte, da siehet er den vorigen Zaum an das Hintergestelle des Wagens hangen und schauet, daß das vorige Eisen nunmehr lauter Silber gewesen, welches leichte drei-, ja viermal so viel gegolten als sein verlustig geschätzter Hopfen wert gewesen.

94. Rübezahl kaufet Sachen für wunderliche Schafskäse.

Es wird erzählet, wie daß man von den schlesischen warmen Bade bei eine Meile gehen müsse, ehe man recht auf das Gebürge gerate; hernach soll sich auch das Gebürge selbsten bei eine Meile erstrecken, ehe man nach der hohen

Elbe komme: von welchem Orte noch eine Meile restieren soll, ehe und bevor man ins Böhmerland gerate. Es soll aber die hohe Elbe ein bewohnter Ort und sehr altes Dorf sein, drinnen es lauter kleine Leute gebe, welche sich nur von Viehzucht ernähren, kein Geld haben, sondern Ware für Ware geben. Solcher Gelegenheit und dieses alten Kaufhandels sollen sich etliche Kauf- und Handelsleute bedienen, welche von hier hinaus für jene Leutchen unterschiedliche Waren mit sich nehmen und solche teils mit Käse, teils mit Leder, Vieh und andern Sachen verstechen. Es sollen sich aber weniger sechse kaum getrauen, daselbsten hin und her zu gehen. Unter diese gedachte Kaufmannschaft soll es sich einmal begeben haben, daß der Rübezahl sich in einen solchen kleinen Bergmann verwandelt und einen herannahenden Kaufmann angepacket habe, oder in selbigem Dorfe, auf gewöhnliche Manier, Ware für Ware geboten. Nämlich, der Handelsmann hatte Strümpfe und Hüte gehabt, dafür hat der Rübezahl ihm eine ansehnliche Anzahl Schafskäse präsentieret; wie sie denn auch ihres Kaufes darbei einig geworden sein. Und nimmt also der Rübezahl die Ware zu sich, gehet hiemit davon; der Kaufmann aber stecket seine Käse ein und wandert auch hiemit davon. Aber wie dieser zu seiner Wohnungsstadt kömmt und die Käse besichtiget, da siehet er, daß es lauter käseförmichte, runde und dünne Schachteln gewesen sein, in welchen ersten er nur Feldsteinichen und kleinen Sandgries angetroffen hat; drüber er in Zorn ergrimmet und alle Schachteln zum Haus hinausgeschüttet hat. Aber was geschicht? Es schleppen sich die vorübergehenden Kinder mit den gefundenen und auf den Mist geworfenen Schachteln; davon auch endlich eine des Handelsmannes sein Töchterlein bekömmt und ins Haus bringet, auch dem Vater und der Mutter solches Dingelein zur Verwunderung zeiget. Drüber soll der Vater gesprochen haben: Ei, wirf das Ding weg, es ist Augenverblendung, und bin damit vom Gespenst betrogen worden! Die Mutter aber soll hingegen gesprochen haben: Ei, lasset es doch von mir aufmachen, damit ich auch sehe, was drinne steckt. Nach diesen Worten soll sie flugs, wider des Vaters Willen, das Schächtlein eröffnet haben und fast eine Hand voll gediegen Goldes drinnen gefunden haben. Über welches Gesichte und Geschichte sie sich sämtlich verwundert, daß nämlich die eine Schachtel sich so ungefähr wieder angefunden und seine Ware bezahlet gemacht habe. Haben hierbei weiter suchen lassen, ob auch in den übrigen Schachteln, so noch draußen im Miste gelegen sein, etwas von Golde stehe, das sich der Mühe verlohnete. Aber da ist niemand mehr zu Hause gewesen, weil es der ungeduldige Kaufmann vielleicht verscherzet hat, indeme er aus Ungebühr alle Schachteln mit Fluchen und Schelten weggeschüttet gehabt.

95. Rübezahl verblendet etliche Tuchhändler.

Aus Halle hat mir folgendes ein glaubwürdiger Kürschner erzählen lassen: daß etwan vor dreißig Jahren drei Tuchhändler über das Riesengebürge gereiset, da sie unterwegens der Rübezahl freundlich angepacket und bescheiden gefraget hat, was ihr Gewerbe wäre und wohin sie gedächten? Drauf sie sämtlich geantwortet: Wir haben Tuch feil und wollen solches in Böhmen bringen. Worauf der Rübezahl begehret, daß sie ihme ihr Tuch weisen möchten, weil er es auch bedürftig wäre und gerne darvor zahlen wollte, was recht und billich sei. Auf solche inständige Anhaltung soll ein jeder sein Paket aufgemachet haben: da auch der Rübezahl alsobald von einem jedweden etliche Ellen Tuch gekauft und abgehandelt gehabt, nämlich von einem vor zwölf, vom andern vor sechzehen, vom dritten vor zwanzig Taler, welches Geld er ihnen, dem Scheine nach, an baren guten Dukaten bezahlet hat; damit sie davongewandert und ihren Weg weiter haben wollen fortsetzen. Aber siehe, was geschicht? Wie sie förder gekommen und ungefähr, ich weiß nicht aus was Ursachen, die empfangene Münze besichtigen wollen, da befinden sie miteinander, daß die vermeineten Dukaten waren lauter Zahlpfennige gewesen: worüber sie erschrecken, den Weg wieder zurückenehmen und nach dem vorigen Ort wieder hintrachten, da sie gleichsam waren vervorteilet geworden. Wie das geschehen, da treffen sie an solcher Stelle eine Kutsche an mit sechs Pferden, drinnen vornehme Personen gesessen (es war aber des Rübezahls sein Gespüke gewesen); von solchen lenket sich einer über den Schlag heraus und erfraget von den herzunahenden Kaufleuten, was sie begehreten. Diese sprachen: Wir haben vor kurzer Weile allhier an diesem Orte einem vornehmen Herrn Tuch verkaufet, dafür wir zwar unserer Meinung und Augenschein nach Dukaten empfangen haben; aber wie wir sie hernach zum andernmal betrachtet haben, da sind wir innen geworden, daß es Zahlpfennige gewesen. Der Rübezahl ant-

wortet: Weist mir doch das Geld! Aber wie sie es herausziehen, da waren es
nicht noch Zahlpfennige gewesen, sondern wieder Dukaten geworden; die der
Rübezahl zu sich genommen, und drauf also geredet hat: Wie ist es denn mit
euch, können ihr denn nicht sehen, was Gold oder Messing ist? Ihr sehet es
ja selber mit euren Augen, daß es gute Dukaten sein! Doch weil ihr solches
Geld nicht wollet: sehet, so will ich euch Reichstaler geben. Welches er denn
auch getan und die Kaufleute damit befriediget hat hinweggehen lassen. Aber
wie sie damit von neuem eine Ecke fürder geraten und aus Kuriosität das
Geld noch einmal beschauet haben, da ist ihnen fürgekommen, wie sie anstatt der
Taler nur Scherben hätten. Drüber sie zum andernmal bestürzt geworden sind
und nicht minder sich auf den Rückweg gemachet haben, den vorigen Betrieger
zu suchen und besser Geld zu holen. Drauf es denn geschehen, daß sie abermal
an vorige Kutsche gekommen; draus der Bekannte hergegucket, sie angeredet
und ihr neues Anliegen zu entdecken begehret. Deme sie denn auch flugs erzählet haben, wie ihr Geld zu lauter Scherben sei geworden, daß sie noch einmal für etwas Bessers austauschen oder ihr Tuch wiedernehmen wollten.
Denen aber der Rübezahl ernstlich geantwortet: sie sollten sich vacken; er hätte
sie einmal bezahlet und wollte ihnen gar miteinander nichts weiters geben.
Sie sollten nur nach Hause gehen und sich unbekümmert lassen, er hätte sie
nicht betrogen, es würde schon gut werden. Aber hiemit haben sie sich nicht
wollen abweisen lassen, sondern demütig angehalten umb Verbesserung. Und
sonderlich hat einige dergleichen Veränderung gebeten ein alter Mann unter
ihnen, der kläglich vorgewendet: er möchte ihn doch nicht betriegen, er hätte
zu Hause so und so viel kleine Kinder, die noch unerzogen wären; zu deme hätte
er auch sonsten nicht viel übriges, er möchte sich doch seiner erbarmen und seinen
Schaden nicht begehren. Drauf der Rübezahl abermal nichts anders gesprochen, als daß er sollte zufrieden sein, ihn ungehudelt lassen und nur nach seiner
Heimat gehen; er hätte keinen betrogen, es würde schon gut werden und sich
zuletzt ausweisen. Und hiemit hatten die Kaufleute ihr Abtritt müssen nehmen,
welche doch aber alle und jede nach abgelegte Reise in ihrer Behausung befunden haben, daß die gedachten Scherben gute und gültige Reichstaler gewesen: drüber sie wieder erfreuet geworden, und sonderlich, weil sie sich besonnen,
daß sie ihr voriges Tuch sehr teuer losgeworden wären und mehr nicht alleine

begehret, ſondern auch empfangen hätten als ſonſt von irgendeinem andern. Merke du aber, daß dieſe Verteurung und unbillicher Kauffſchlag vielleicht die Urſach kann geweſen ſein, daß ſie der Rübezahl eine Weile geäffet und die Augen verblendet gehabt. Doch gnug.

96. Rübezahl läßt ein Kleid machen.

Etwan vor ſieben Jahren iſt nach Liebenthal zu einem Schneider der Rübezahl in Geſtalt eines fremden Junkers hingekommen und hat ihme von ſchönem Tuche ein Kleid zuſchneiden laſſen, welches er umb eine gewiſſe Zeit hat wollen abholen laſſen. Aber was geſchicht? Wie erſtlich der Schneider das Kleid zuſchneidet, da leget er das Tuch doppelt, gedenkende: es werde ſolches der Edelmann nicht merken. Zum andern tauſchet der liſtige Vogel das Tuch aus und tut zum Kleide eine andere Gattung hin, und verfertiget davon das bedungene Kleid, welches er auch dem Edelmanne, wie darnach geſchickt wird, folgen läſſet, wiewohl der Schneider das Macherlohn nicht zugleich mitbekommen hat, ſondern nur die Verſprechung auf die und die Zeit, da es der Edelmann ſelber hat überreichen wollen. Was geſchicht? Der Schneider meinte zuerſt, er habe trefflich gefiſchet und wolle nunmehr das geſtohlene Gewand ſehr wohl zum eigenen Nutz anwenden; aber wie er's recht beſchauet, da war es eine große Decke von Schilf, darein die Kaufleute ihre Ware zu packen pflegen. Vors andere nahete auch die beſtimmte Zeit heran, da der Edelmann hat abzahlen wollen. Siehe, da trägt es ſich unverhofft zu, daß der Schneider eine nötige Reiſe über das Rieſengebürge vornehmen muß. Wie er aber nunmehr unter Weges geweſen, da kömmt in aller Herrlichkeit der Rübezahl auf einer großen Ziegen hergetrabet und hat ihm eine Naſe ſelber gemacht über einer halben Ellen lang (wie ich dieſes von eben des Schneiders geweſenen Geſellen einen ausführlich habe geſtecket und heimlich erzählet bekommen; denn ihn ſelber würde der Kuckuck wohl nicht geritten haben, daß er dieſen Poſſen zu eigener Beſchimpfung mir würde narrieret haben) und in ſolcher Poſitur ſchnurgleich auf Meiſter Hanſen losgezuckelt, welchen die verwandte Ziege etliche Mal mit bebender Stimme angemöckert hat und gleichſam den Meiſter willkommen auf ihre Art genennet hat. Der Rübezahl hat nicht minder ſeiner Wörter geſchonet, ſondern vielmal geſchrien:

Glück zu Meister, Glück zu Meister! Wollet Ihr Euer Macherlohn für mein Kleid holen, das Ihr mir vergangen zugeschnitten und ich jetzt gleich am Leibe habe? Immittelst möckert die Ziege ihr Meister, Meister immerfort. Der Schneider aber erschrak, wie sehr er auch vorher über den seltsamen Foltesierer gelächelt hatte; und gedachte nunmehr gar wohl, daß er für seine Diebesstückchen würde den verdienten Lohn überkommen. Darauf höhnete ihn der Rübezahl meisterlich aus und zog ihn mit dem vermeinten Diebstahl des Tuches wacker durch, sagende: Wie stehet's, Bruder, haben wir nicht was zu schachern? Hastu nicht neulich was gepfuschert und von einer und der andern Sache etliche Stückchen abgezwackt oder hinter den Ofen geworfen und gesprochen: das soll der Teufel haben. Oder hastu nicht etwas nach den Mäusen geworfen und etliche feine Bißchen erübriget? Der Schneider aber verstummete und sprach nichts. Darauf fuhr der Ziegenbereiter noch weiter fort und sagete: Gehe, du Hudler, und gebrauche dich fortan mehr deiner Nadel zum enge nähen und nicht weite Stiche zu tun, als deiner Fäuste zur Abzwackung. Laß den Leuten das ihrige und nimm ihnen weder von den übrigen Knöpfen oder Seide und andern übergebenen Sachen hinfüro nichts mehr; bleibe und halte dich an dein prätendiertes Macherlohn, das du Lumpenhund hoch genug steigern kannst. Und suche deinen Vorteil nicht mehr an ungebührlicher Unterschlagung, oder ich will dich nach diesem übel zuschlagen und ärger willkommen heißen, als dieses Mal geschehen ist! Darauf zuckelte er mit seiner großen Ziegen und langen Nasen immer davon und ließ den Schneider stehen. Doch tate er ihm dieses noch fürder zum Schabernack an, daß, sooft hernach der Schneider eine Ziege hat möckern gehört, er stets gemeinet habe, es rufe ihm ein Mensch und sagte Meister, Meister; wie es denn auch soll geschehen sein, daß dieser Schneider aus unrecht hören einmal zum Ziegenbocke hingegangen sei, fragende: Herr, wollt Ihr ein Kleid zuschneiden lassen? Da ihm der Bock zur Antwort gegeben hat: puff! Nämlich, er stieß ihn mit den Hörnern in die Rampanien, daß es puffte.

97. Rübezahl hütet Schafe.

Anno 45 dieses Seculi
sind zwei Metzger
aus Böhmen in Schle-
sien über das Gebürge
gegangen, da haben sie
in der Nähe einen Hirten
mit wackern großen und
fetten Schafen weiden
gesehen. Weil sie nun
im Wandern darauf be-
dacht gewesen, daß sie
ein Stück oder etliches
kleines Viehes verschaffen und nach Hause bringen möchten, siehe, so gehen
sie in solchen Gedanken nach den erblickten Schäfer hin und handeln umb ein
Dutzend Hämmel: drüber sie auch endlich eins worden und das Geld eilens
bar zahlen, weil sie gar wohlfeil denen Verkäufern angekommen und gedeuchtet
hatten. Nach geschehener Handlung verlassen sie den Corydonischen Rübezahl
und treiben ihre Hämmel immer für sich hin. Aber wie sie eine Ecke fortge-
raten waren, da trägt es sich zu, daß ein fremder Hund hinter sie hergesprungen
kömmt; nach solchem sehen sich die alberne Schöpse umb und wollen sich für
den anfallenden Straßenröckel ihrer Haut wehren. Aber wie sie sich rücklings
umsehen, da fehlet erstlich der befürchtende Hund; als sie sich aber wieder vor-
wärts wenden, da mangeln die Hammel, und sind aller Sachen beraubet, indem sie auch hierüber ihre vorige Barschaft dem Rübezahl zugewendet hatten.
Nach erfahrnem Betrug fangen die Metzger greulich an zu schmälen und auf
den Vervorteiler zu schelten, da der Rübezahl sich alsobald nicht faul hat finden lassen, sondern die diebischen Lästerer unerhört ausgepanzerfeget und höhnisch
durchgezogen hat. Unter andern sprechende: Ihr schlimme Hudler, euch ist gar
recht geschehen, daß ihr anjetzo ein wenig von eurer Schinderei eingebüßet habt;
wer hat euch geheißen, daß ihr im Verkaufen die Leute übersetzen sollet, daß
ihr die Beine vor Fleisch mit verkaufet und in eure Würste lauter Blut und

Schweiß einfüllet, welches ihr Schelme und Lästerbuben kaum selber fresset, wenn euch auch schon die größte Hungersnot betreffe. Warumb leget ihr vorteilhaftigen Lümmel allerhand Lümmelwerk, Leber und Lunge und allerhand Quark, zu guten Fleische, daß ihr es nur miteinander los werdet und den Leuten Gut- und Böses beischmieret? Traun, von diesen Hammeln sollt ihr wohl keinen ungebührlichen Pfennig sammeln; von meinen Schafen sollt ihr euch nichts verschaffen. Geht, ihr Bauerflegel, und gebet, was das Fleisch wieget: verkaufet dem Lunge, der Lunge haben will, und demselben Fleisch, der lauter Fleisch begehret; die Beine und das Blut, das fresset ihr Galgendiebe selber in den Hals hinein und betrüget keinen redlichen Menschen damit! Bishero die Ausfensterung des Rübezahls, welche ich von einem Metzgerjungen, der damals bei den Lästerern gewesen, eigentlich vernommen habe (und von sie umb all die Wunden sonsten wohl nicht würde erfahren haben, so ferne es mir ihr Schafmatz nicht verständiget hätte). Wo sind aber die Lästerer geblieben? Wo sie nicht fortgegangen sein, so stehen sie noch da und werden vielleicht von dem Rübezahl noch ein wenig drüber geprügelt; wie ich mich denn bedünken lasse, daß ich gleich eines Ochsen Stimme höre, der sich über die Schläge beklaget.

98. Rübezahl karniffelt einen Bäcker was ab.

Anno 1658 soll der schlesische Wundergeist nach Hirschberg gegangen sein und allda bei einem berüchtigten Bäcker allerhand Gattungen Brot eingekauft haben, welches der leichtfertige Geselle miteinander über die Maßen sehr hatte aufschwellen oder blähen lassen und mit den hineingetanen Hefen unbillicher Maßen in die Höhe getrieben und locker gemacht hatte. Von dieser Materie nimmt der verstellete Rübezahl die betrüglichsten Stücke zu sich und verschaffet gleich zur Stunde ein Gewerbe, daß der Bäcker über das Gebürge dieselbe Zeit reisen mußte. Wie nun dieser Bäcker gleich auf des Rübezahls seinen erkorenen Platz geraten, siehe, da kömmt der Rübezahl in voriger Gestalt mit seinen Semmeln und andern eingekauften Brote herfür, präsentieret darneben einen gedeckten Tisch und heißt den gegenwärtigen Bäcken niedersitzen: fänget allerhand Diskurs mit dem Ölgötzen an und fraget auch endlich von ihm: ob's müglich sei, weil man das Gewissen an einen Nagel hängen könne, daß man auch die Seele ins Brot zu backen vermöchte? Darauf

erstarrte der ihm übel bewußte und nunmehr bestürzte Bäcker-Kuntze; und
konnte kein Wort hervorbringen, weil er sich mit gegenwärtigem Brote in
seinem sündhaftigen Herzen überzeuget befand. Rübezahl aber hingegen fing
weiter an, und indem er die Semmeln aufbrach und die hohlen Löcher zeigete,
sprach er: Siehe, in diesen Klüften steckt deine Seele; in dieses Brot hastu
sie hineingebacken. Und weil du mir nunmehr dein Brot verkaufet hast, so
hastu auch zugleich deine Seele drinnen verkaufschlaget, verhandelt und ver-
hudelt. Darauf stellte er sich ungebärdiger und tastete den Bäcker bei der Kartause an, sich erzeigende, als wollte er ihn hinwegreißen oder gar in Stücken
zerreißen, wiewohl er ihn nur was druckte, Maultaschen austeilete und so viel
harte Schläge zubrachte, als der Übeltäter große Löcher im Brote hatte auf-
quellen lassen. Drüber denn der Bäcker greulich zu schreien begunnte und mit
einem Schwur beteurete, daß er sein Lebenlang nicht mehr das Brot so vor-
teilhaftig und betrüglich backen wollen, sondern es derber kneten, dichter und
an sich selber größer machen gesonnen wäre. Hierauf ließ er den Brotdieb
laufen, sagende: Wo du dich nicht besserst, so will ich dich auf eine andere
Art zausen.

99. Rübezahl verkehret seine Handschrift.

Ein unbillicher Wucherer brachte in ein bekanntes Städtchen ein Fuder Korn
gefahren, welches er mitten auf dem Markte zu kaufen stellete. Hiezu kam
der Rübezahl gegangen, gab sich für einen Ratsherrn aus und handelte das
Korn an sich, ließ es auch in sein Haus fahren und zahlete dem Verkäufer
etwas Geld drauf; vor das übrige wurden sie eins, daß der Ratsherr auf eine
gewisse und benamte Zeit zahlen wollte, mit einer verfertigten Handschrift,
die er überreichete und in Gegenwart noch anderer Personen vom Verkäufer
verlesen ließ und mit nach Hause gab. Was geschicht? Wie die Zeit verlaufen
war, da kömmt der Kornhändler mit seiner Handschrift aufgezogen und tat
Ansuchung wegen des gestundeten Geldes. Hierzu sprach der Ratsherr: Ja,
was die Handschrift vermag, so Ihr bei Euch habet, leset sie wieder ab!
Siehe, da war die Sache ganz verkehrt, und kam dieses heraus, daß sich der
Verkäufer anmeldete, als wäre er dem Ratsherrn 40 Taler schuldig, die er
jetzt zahlen müßte und gerne wollte. Hierüber erschrak der geldgeizige Wucherer;

doch mußte er, weil er sich mit seinen eigenen Wörtern geschlagen und gefangen hatte, die Zahlung leisten, sich gewonnen geben und eine würkliche
Buße tun wegen seines Schindens und Schabens, so er an andere Un-
nützigere ausgeübet gehabt.

100. Rübezahl betrieget einen Pferdekäufer.

Etwan Anno 1631 hat
es sich begeben, daß
Rübezahl einen Roßtäu-
scher angetroffen, welcher
übers Gebürge zu wan-
dern vorgehabt. Solchem
beut er einen stattlichen
Gaul zu verkaufen. Und
als er die Bezahlung
empfangen und der Käu-
fer nun aufgesessen war
und seinen Weg wieder-
umb anheim reiten wollt,
hat ihm der Rübezahl gewarnet und vermahnet, er soll's beileibe nicht eilends
ins Wasser reiten; darob sich dann der Käufer verwunderte und desto begie-
riger ward, die Ursache zu erfahren, warumb doch nur der Roßtäuscher ihm
verboten, das Pferd ins Wasser zu reiten, und darumb desto sehrer zum
Wasser geeilet, den Gaulen zu tränken und zu schwemmen. Nachdem er aber
mitten ins Wasser kommen, wird er gewahr, daß er auf einem Bündel Stroh
sitze. Derowegen er dann in großem Zorn und Ungeduld wieder umkehret und
seinen Vorkäufer, den betriegerischen Roßtäuscher, in seiner Herberge suchet.
Der Roßtäuscher, als Rübezahl, wird gewahr, daß sein Käufer, den er so
meisterlich betrogen hatte, herzukömmt und ihn suchen will, strecket sich derowegen die Länge lang auf die Bank und tät, als ob er schliefe. Der Käufer,
als er in die Stuben kömmt und siehet seinen Verkäufer auf der Bank liegen
und schlafen, ergreift er ihn bei einem Schenkel und zuckt ihn; indem er aber
etwas desto sehrer und ungestümer ruckt, daß er vom Schlaf soll aufwachen,

hat er ihm den Schenkel, als ihm gedaucht, aus'm Hintern geriſſen: deſſen er dann gar ſehr erſchrocken, hat das Bein an die Erde geworfen und iſt zur Stube hinausgelaufen, und hat Pferde und Geld fahren laſſen und entbehren müſſen.

Hie iſt aber zu merken, daß der Rübezahl auf ſeinem gedachten Berge eine Loſierung präſentieret hat, wohinein er den andern Roßtäuſcher geführet: welcher auch nicht anders gedacht, weil er unbekannt, als wie es eine rechte Behauſung wäre, derentwegen er auch wiederumb dahin gegangen. Merke weiter, daß etliche dieſe Geſchichte auch von D. Fauſt vorgegeben.

101. Rübezahl äffet einen ſchacherhaftigen Jüden.

Es war ein Jüde aus Polen. Der wird von einem vornehmen Weiwoden nach Prage geſchickt, er ſollte ſechs ſchwarze Stuten und zwei Hengſtpferde kaufen. Der Jüde reiſet nach Prage, bekommet ſchöne ungeriſche Pferde der Gattung; unter anderen trifft er ein türkiſch Pferd an, welches ein Apfelſchimmel geweſen, und 400 Taler darvor gegeben. Der Jüde muß über das Gebürge reiſen, kömmt in ein Wirtshaus. Da hat der Wirt einen ſchönen Hengſt, einen Rappen, der gefällt dem Jüden wohl; er fragt den Wirt, ob er nicht mit ihme auf ſeinen Apfelſchimmel tauſchen wollte, und was recht wäre, wollten ſie miteinander ehrlich handeln. Der Jüde ſagt dem Wirte, was ihn ſein Hengſt koſtet. Der Wirt ſaget, wenn er ihm noch ſo viel auf ſeinen Rappen wollte zugeben, ſo wollte er ihm ihn laſſen. Dem Jüden gefället das Pferd, weil es ſeiner anderen Pferde Farbe gehabt, bietet ihme 200 Reichstaler zu. Endlich kommt es ſo weit, daß der Jüde ihme, dem Wirt, 300 Taler auf ſein Pferd noch zugibt. Der Jüde iſt froh, denkt ein Großes aus dieſem Pferde zu erhalten. Er reiſet nach Hauſe, weiſet ſeinem Weiwoden das Pferd, welcher auch freudig drüber geweſen; läſſet es in einen ſonderlichen Stand ziehen, läſſet ihm gut Futter geben. Das Pferd ſtehet einen Tag, den andern auch. Auf den dritten Tag, als er in den Stall kömmt, ſo iſt das Pferd weg und nicht mehr als ſein Schwanz angebunden; in der Mitten iſt ein großer Knoten geweſen, darinnen 200 Dukaten geſteckt, welches ſie alle mit Verwunderung angeſchauet. Der Weiwode nimmt dieſe 200 Dukaten zu ſich, gibt dem Jüden hundert Taler: er ſoll zurückeziehen und von dem Wirte erfahren, was es vor eine Beſchaffenheit möchte haben. Der Jüde zeucht aus, hat weder Wirtshaus noch Wirt gefunden, kömmt also mit leeren Händen wieder heim. Jedoch hat er noch nicht alles darben müssen.

102. Rübezahl verkaufet Schweine.

Es ist mir für gewisse erzählet worden, wie daß Rübezahl einmal etliche Schweine oder Säue, ich weiß nicht aus was Materie, zugerichtet habe, und solche in der Nähe zu Markte getrieben und einem Bauren verkauft; doch mit dem Bedinge, daß der Käufer die Schweine ja nicht sollte ins Wasser treiben. Doch was geschicht? Wie solche Schweine einsmals sich sehr im Kote besudelt hatten, da hat dennoch der Bauer, ungeachtet des Verbotes, sie zur Schwemme getrieben: da denn gedachte Schweine alle zu Strohwischen geworden sein und also auf'n Wasser emporgeschwommen. Der Käufer mußte also mit dem Schaden dahingehen; denn er wußte nicht, wie das zugegangen wäre, oder wer ihm die Schweine zu kaufen gegeben hatte.

103. Rübezahl verkaufet Betten.

Es hat mir unter andern Sachen ein guter Freund von Liebenthal geschrieben, daß vor diesem der Rübezahl in einem böhmischen Städtlein einer reichen Frauen etliche Betten verkaufet habe, in Gestalt eines ausländischen Händlers: welche die gedachte Matron mit ziemlichen Gelde an sich gebracht und in ihr Haus hat tragen lassen. Nach etlichen Tagen hat sie ihrer Magd befohlen gehabt, die geschacherten Betten in die Luft zu tragen und zur Sonnen: Siehe, da wird befunden, daß es alte Kohlsäcke gewesen, mit Kuhfladen angefüllet. Drüber ist die Magd mitsamt der Frau erschrocken und hat den Quark ins vorbeifließende Wasser geworfen.

104. Rübezahl verkaufet Bienenstöcke.

Unlängsten ist es geschehen, daß dieser schalkische Geist zu einem Schenken oder Kretzschmar eines Dorfes nicht weit unter dem Gebürge hingekommen ist, hat mit sich etliche Bienstöcke auf dem Wagen dahergeführet und dem Wirte verkauft. Aber wie Rübezahl weggewesen und der frohe Gastwirt seine Ware zum andernmal eigentlicher im Garten, da er sie hingesetzet, beschauen wollen, siehe, da ist lauter Menschendreck in den Körben geschmieret gewesen, und vor die Bienen hat er Käfer, Fliegen und ander Ungeziefer angetroffen: darüber der betrogene Schenke zwar erboßet worden ist, dennoch aber nichts draus hat machen können (wenn er auch schon seinen Fetzer in tausend Stücken zerstoßen hätte). Und auf solche Art hat der gute Gastwirt schlechte Leckerbißlein bekommen, welche er den Säuen hat müssen fürwerfen.

105. Rübezahl hat Schuhe und Stiefel feil.

Auf was für eine Art der böse Feind Anno 1661 bei Zerbst im Sommer seine Kleiderbude aufgeschlagen hat und allerhand Gattungen von jetzigen üppigen Prachten, als weiten Hosen, schlotterten Stiefeln, weiten Zobelmüffen 2c., feilgehabt hat, auf solche Art soll auch der Rübezahl auf einen Jahrmarkt Stiefeln und Schuh zu verkäufen gebracht haben, darzu jedermann flugs Beliebung getragen und bekommen, weil sie auf neue Manier und allmodisch gemacht gewesen. Ja, es haben die hoffärtigen Leute die feilgehabte Sachen schier in einem Hui weggekaufet; teils haben ihre Schuhe und Stiefel flugs angezogen, teils haben sie versparet zu künftigen Hochzeiten. Aber wie sie die Sache recht besehen, da hat ein jedweder für die Schuhe einen weichen Kuhfladen an; anstatt der Stiefel ist eine Rinde oder Borke von eichenen und andern Bäumen in einem dergleichen Kuhmiste gestackt antroffen worden.

106. Rübezahl hat Barücken feil.

An einem andern Orte soll dieser Possenreißer in der Messe eine Bude präsentieret haben von lauter Barücken; dazu gleichfalls die stolzen Laßdünkel in Menge gegangen sein und die exhibierte Ware eingekaufet haben. Aber wie sie den Schaden besehen, da hat einer ein Geniste von Stroh, der ander ein Gerüste von Pferdehaaren oder Eselsschwänzen, und so fortan. Ei, das heißt einen berücken und sich mit fremden Haaren schmücken!

107. Rübezahl verkaufet Buttermilch.

Auf eine Zeit bekamen zwei Messerschmiede-Gesellen in Schmiedeberg ihren Abschied, und noch eher, als sie es vermutet, resolvierten also miteinander, in Meißen übers Gebürge zu reisen. Wie sie nun auf dem Kamm waren gegen die Kuppe und fast das Reisen satt hatten, dabei nicht geglaubet, vom Wirtshause so weit entfernet zu sein, indem sie keines sehen konnten, wie sehr sie sich auch darnach umsahen, satzten sich also auf einen weit herum sehenden Hügel nieder und langeten aus ihrem Säckel herfür, was sie Gutes mitgenommen, und speiseten, wünschten dabei einen kühlen Trunk. Kaum hatten sie ihr Anliegen vergessen, so wurden sie einen Mann gewahr, der trug zween Krüge in

Händen. Da er sich zu ihnen nahete, fragten sie ihm, was er da Gutes trüge. Dieser sagte: Buttermilch. Das ist gut, sagten diese durstige Wanderer. Fragten aber, ob er solche verkaufe; so wollten sie ihm ein Krügel voll abkaufen. Der Mann sagte: Ich verkaufe sie wohl; aber wenn ich ein Krügel voll verkaufe, lohnt's der Mühe nicht, daß ich weiter gehe. Wohl, sagte einer dieser Gesellen, so ein Schwabe war, wir behalten sie beide; Bruder, sagte er, nimm du einen und ich auch einen. Griffen darauf zum Säckel und bezahlten die Milch. Wie nun der eine getrunken und absetzte, bedaucht ihn, er hätte nichts Nasses bekommen, sahe seinen Kameraden an: der trank auch, dem war auch also, als hätte er nicht getrunken. Der Mann nahm die Krüge und ging seitwärts über den Berg seinen Weg. Wie er ein wenig fort war, sagte der Schwabe zu seinem Gefährten: Bruder, wie hat dir die Milch geschmeckt? Der antwortete: Ich kann dir's nicht sagen; mir ist, ob hätte ich nicht getrunken. Der sagte gleich: Mir ist auch also, wir sind beide betrogen; aber ich leide es nicht, ich will ihm nacheilen; er muß mir das Geld wiedergeben, oder ich schmeiß ihm den Puckel voll. Lief, was er konnte, dem Manne nach, schrie: Freund, steht stille! Der Mann aber tät, als hörete er ihn nicht. Wie sehr dieser ihm nachlief, mochte er ihn doch nicht erreichen, ob er gleich nahe an ihm war; bis dieser vor Müdigkeit sich setzen mußte und ausruhen. Wie sich der gute Mensch recht umsahe, hatte er den Mann und seinen Gefährten ver-

loren; mußte sehen, daß er mit Kummer und Mühe wieder zurücke kam, ver=
gaß gerne des Geldes vor die Buttermilch.

108. Rübezahl wird ein Gürtler.

Ein Kannegießer schwatzte mir für, daß er einen Schäferknecht gekannt habe,
der auf dem Gebürge einen Gürtel gefunden, welchen er flugs für Freuden
über seinen Leib gespannet und damit fürder gestolzieret war. Drüber es sich
zugetragen, daß der Gürtel dem Schafmatzen trefflich zu kneipen angefangen,
also daß er sich nicht besinnen können, wo es immer herkommen möchte, weil
er den Gürtel ziemlich lose umgeleget und ihn endlich noch weiter machet:
welches aber dennoch nicht hilfet, sondern den Tölpel viel ärger und schmerz=
licher drucket oder klemmet, daß er den Gürtel gar muß vom Leibe nehmen
und in der Hand behalten. Wie dieser aber solchen Fund in seiner Faust,
wegen vermerklicher Schönheit, mehr und mehr admirieret, da schläget der
Gürtel umb sich und zukrabetzschet den Kerl, daß er viel ärger springet als ein
Tanzpferd. Drüber er zu laufen beginnet und den Gürtel für allen Kuckuck
von sich wirft, welcher aber den Narren nicht verlassen will, sondern wie eine
Schlange hinter ihm her springet, bis er ihn abermal bei den Schafpelz er=
haschet und Hosen und Wammes in tausend Stücken zerreißet. Doch solches
zwar darumb, weil dieser Mausekopf solches Kleid vor etlichen Tagen einem
andern listig weggestohlen gehabt.

109. Rübezahl wird ein Balbiersgeselle.

Es soll vor kurzer Zeit ein hochtrabender Laßdünkel gewesen sein, deme kein
Bader oder Feldscherer den Bart hat können nach Wunsch recht auf=
setzen, indeme er bald dieses, bald jenes daran getadelt hat. Solche Gelegen=
heit soll darauf der Rübezahl in Acht genommen und sich einsmals für einen
Balbiersgesellen ausgegeben haben. Zu welchem der Bartreformierer gelanget
und sich aufs neue von ihm, als von einem fremden Gesellen, hat wollen auf
eine frische Mode putzen lassen; welches auch geschehen, aber auf diese Art: daß
der stolze Kerl bald darauf unwissend seinen Bart nicht mehr umb das Kinn,
sondern auf den rechten Backen gehabt, die beiden Zwickelbärte aber an alle
beiden Seiten der Nasen; da er sie hernach sein Lebelang behalten und nicht

hat können wegbringen, wie viel er auch dran hat scheren lassen. Ei, ei! wie muß der Kerl ausgesehen haben? Wie muß der Bart kauderwelsch gestanden sein?

110. Rübezahl betrieget eine Kränzmacherin.

Ein Krämer erzählet mir auf vergangene Messe, wie daß ein stolzes und naseweises Mägdchen einsmals aus Vorwitz auf das Gebürge gegangen, daselbsten allerhand schöne Blumen (so auf den Angern wachsen) gepflücket, einen Kranz geflochten, ihrem Liebsten zum Präsent mitzubringen. Was geschicht? Wie der Kranz verfertiget gewesen, welchen sie wacker weit und groß gemacht, da hat sie ihn in ihren Korb geleget und ist damit nach Hause gekehret. Aber wie sie ihre verhoffte Freude damit erwecken will und ihrem Buhlen damit beschenken, da befindet sie, daß die wohlriechenden Blumen lauter Schweindrecker oder Sauküttel gewesen; damit sie einen trefflichen Gestank und Schimpf eingeleget. Doch war dennoch solcher Possen letzlich zur Freude und Ergetzlichkeit geworden, wie man ungefähr befunden, daß des Kranzes Bügel oder Reif, welchen sie auch auf dem Gebürge aus einem Reise geschnitzelt, Silber gewesen. Eine wunderliche Sache, daß dem guten Mägdchen die Finger nicht flugs auf dem Berge davon gestunken, wie sie ihn gewunden gehabt. Aber hievon weiß diese Geschichte nichts.

111. Rübezahl ist ein Vogelfänger.

Auf eine andere Zeit sein etliche vornehme Herren über das Riesengebürge gezogen, und wie sie fast weit hinaufgeraten, haben sie in der Nähe einen Vogelsteller samt unterschiedlichen aufgestellten Netzen angetroffen, welcher allbereit schon gar viele und mannigfaltige Gesang- und sonsten lieblich anzuschauene Vögel in seinen Vogelbauren an einem besonderen Orte stehen gehabt, wie er denn auch noch vielmehr getötete und zum Essen bequemliche Vögel darneben in Bündeln liegen gehabt hat. Da sind alsbald gedachte reisende Herren angereizet worden, von den geschaueten Vögeln eine Anzahl zu erkaufen, und sind ohne Säumen zu dem Steller flugs selber auf den Herd hingefahren, haben lebendiger und totgemachter Vögel ein ziemlich Haufen genommen und dem Fänger bezahlet, sind auch mit davongefahren und hatten im nächstfolgenden Quartier eine köstliche Mahlzeit daraus machen zu lassen bei sich beschlossen: wie sie denn eine schöne Lust von den lebendigen zu genießen ihnen gleichfalls eingebildet hatten. Aber siehe, wie sie eine Ecke vom vorigen Vogelorte weggefahren waren, da sehen sie erstlich, was sie vor ihr Geld bekommen hatten. Nämlich, die Vögel waren nichts anders als Pferde- und Schweinedreck; die Vogelbauren waren ein geflochtenes schlechtes Werk von Gesträuchen und kleinen Reisern. Wie sie miteinander diesen Betrug verspüret, haben vorige Herren sich selber aus der Maßen müssen auslachen, und haben den ganzen Weg durch also eine unverhoffte Materie zu scherzen und die Zeit zu verkürzen erlanget. Der Rübezahl aber hat hingegen etwan ein Dukaten prosperieret, welchen er zu seinem Schatz zweifelsohne wird geleget haben, und künftig von jenem wird bekommen und gefunden werden, der seine Residenz einnehmen und ihn davon vertreiben wird.

112. Rübezahl ist ein Bratenwender.

Zu Reichenbach soll einsmals eine vornehme Gasterei angestellet worden, da der Koch etliche Spieße voll Rebhühner, Enten, Gänse und ander Federviehe in der Küche auf dem Herd gehabt, umgewandt und gebraten hat: davon er aber endlich, wegen einer wichtigen Sache, vom Hauswirte ist weggerufen worden. Unterdessen macht sich unversehens der Rübezahl in selbige Küche mit etlichen andern Spießen voll Ratten und Mäuse, leget solche über die vorige Spieße und wendet sie lustig bei dem heißen Feuer herumb, daß des Ungeziefers Fett haufenweise auf die Rebhühner und andere gebraten Gevögel heruntertträufelt: bis endlich der rechte Koch sich wiederumb eingestellet hat; da der Rübezahl verschwunden ist, ließ die gebraten Mäuse ꝛc. hinter sich auf die angestellte Gasterei. Friß nun Gebratens, wer da will! Ich begehre kein Bißlein davon.

113. Rübezahl wird ein Rattenfänger.

Man lieset, daß vorweilen zu Hameln ein Mäusefänger sich angegeben, den Leuten Pulver verkauft und das Ungeziefer aus der Stadt gebannet habe. Auf diesen Schlag soll auch der Rübezahl in Mähren es versucht haben. Nämlich, er hat den Leuten auch eingebildet, wie er ein besonders Pulver habe für die Ratten, damit wollte er alles Ungeziefer ausrotten. Was geschicht?

Die Leute messen ihm Glauben zu, geben ihm viel Geld zu lösen, legen das Pulver in ihre Behausungen hin und befinden, indem der unerkannte Rübezahl noch bei ihnen gewesen, daß unmäßige Mäuse und Ratten darbei tot liegend ereignet haben; darauf sie denn solches Ungeziefer (wie es der Rübezahl ausdrücklich geboten, indem hierdurch die gänzliche Ausrottung aller Ratten und Bemausung aller Mäuse gewißlich vorhanden wäre) alles gesammlet und auf einen Haufen mitten auf dem Markt zusammengetragen haben, und nach etlichen Tagen, wie der Rübezahl sich aus dem Staube gemacht hatte, mit Feuer zu verbrennen gesonnen gewesen sein. Da seind den verblendeten Leuten erstlich die Augen geöffnet worden, daß solche Mäuse nichts anders als kleine Erdklößer, runde Stücklein Holz, Steine und ander betrügliches Werk gewesen, welches sie sämtlich auf dem Markte bei den vermeinten Mäusehaufen versammlet gesehen und sich darüber endlich geschämet haben. Ja, es geben auch noch wohl andere gar dieses für, daß der mäuseköpfichte Rübezahl sich in selbe Zeit über den Haufen, in Gestalt eines Bischofs von Mainz Hattonis, präsentieret habe und teils im Schweben, teils im Überwegfliegen grausamlich gelachet und die anwesende Rotte über die falschen Ratten verspottet und schabernacket habe. Noch andere wollen den Ausgang dieser Historie so vorbringen: daß der Rübezahl umb ein gewisses Geld alle Ratten und Mäuse aus der Stadt wegzupartieren versprochen habe; darauf es auch soll geschehen sein, daß aus allen Winkeln und Ecken das Ungeziefer so häufig zu ihm gelaufen sei, an ihm hinangekrochen und mitten auf dem Markte, da es soll geschehen sein, dichte besetzet oder mit sich gleichsam umb und umb verposamentieret habe. Darbei soll allgemählich der Rübezahl immer mehr und mehr gewachsen sein, damit die Mäuse gleichsam alle an ihm Raum finden oder sich einzeln an ihn setzen könnten, bis er endlich zu einem sehr großen und hohen Turm geworden, da er auch von den Fußsohlen an bis zum Halse hinauf allenthalben dichte voll Mäuse und Ratten gehänget und nur den bloßen Kopf frei gehabt. Wie er nunmehr also alles Ungeziefer angepackt gehabt, da soll er damit fortgewandert sein und sich außerhalb der Stadt (wie ist er aber zum Tor hinausgekommen? Resp. Da siehe du zu, o Tor! Vielleicht ist es da her ergangen, wie mit dem trojanischen Pferde; wiewohl es auch kann geschehen sein, daß er mit seinen nunmehr langen Stampen über die Tor hin-

geschritten hat, aber fein sachte, damit ja keine Maus verzettelt worden) be=
geben haben und allda verschwunden sein. Zum Wahrzeichen soll noch heutiges
Tages im selbigen Städtchen derjenige Markt der Mäusemarkt heißen, wie er
bei uns der Naschmarkt genennet wird.

114. Rübezahl bauet einen Turm.

An einem gewissen Orte hatte es sich begeben, daß die Bürger gerne einen
hohen Turm in ihre Stadt haben setzen wollen; darzu sie denn auch einen
vornehmen Baumeister zu dingen bedacht waren. Hierüber findet sich der
Rübezahl an, gibt sich für einen trefflichen Künstler aus, als der einen herr=
lichen Turm in der Länge auf der platten Erde bauen wollte und solchen her=
nach ohne Mühe und Schaden in die Höhe richten könne. Diesen Vorschlag
gehen die begierigen Bürger ein; der Rübezahl machet sich mit seinen mitge=
brachten Gesellen über das Werk und verfertiget einen aus der Maßen präch=
tigen Turm, und richtet ihn auch nach diesem auf, nimmt dafür ein großes
Geld und hebet sich davon. Wie die Bürger nun nach der Verblendung ihrer
Augen besser mächtig wurden, siehe, da war ihr vermeinter Turm ein langer
Hauhockel oder Schuber, welchen sie alsobald anzündeten und aus dem Wege
zu räumen vornahmen. Aber hierüber befand sich abermal der Rübezahl, lachete
und höhnete die Neugeborne von Schilde aus, und befahl: daß sie ihr Stall=
vieh bringen sollten, daß sie den Turm auffressen, aus vorhandenen Mangel
des wenigen Futters. Bis soweit ist mir diese Geschichte erzählet worden; hat
nun ein ander was mehrers davon gehöret, dem will ich es Dank wissen, so
ferne er mir's völliger avisieret und kommunizieret.

115. Rübezahl
betreuget viel, die nach der Vogelstange schießen.

Ein Sattlersgeselle plauderte mir für, wie ihme ein alter Greis in Böhmen
nachfolgende Schwänke erzählet hätte: daß nämlich an einem Orte die
Bürgerschaft einen Vogel von der Stange hätten wollen abschießen, darzu sie
denn flugs nach Johanni die Praeparatoria gemacht und den hölzern Vogel
in die Höhe gebracht hätten. Wie dieses geschehen, da wäre schleunig ein

großer Regen eingefallen, also daß die Leute ihre vorgenommene Luft etliche
Tage hätten müssen weiter aufschieben und den Vogel unterdessen im freien
Felde stehen lassen. Mittlerweile soll der Rübezahl den hölzern Vogel ab-
gezogen haben und sich, an dessen Statt, auf die Spitze gesetzt han: drüber
es denn gut Wetter geworden und die Bürger ihr Schießen vorgenommen.
Indeme sie nun aber drüber hergewesen und ihre Pfeile nach den Vogel hin-
geballestert, da waren solche alle in den Vogel stecken geblieben, die ihn getroffen hatten, bis daß endlich die Schützen mit großer Verwunderung alle
ihre Pfeile losgeworden, indem keiner nicht wieder hat wollen herunterfallen.
Wie nun endlichen der letzte Schoß geschehen und gar kein Pfeil mehr war
übrig gewesen, da war der Rübezahlische Vogel mit allen angepackten Pfeilen
davongeflogen; und hatte den Herren Schützen die Frage hinterlassen, wer
nunmehr unter sie den Vogel abgeschossen hätte und König geworden wäre?

116. Rübezahl verwandelt sich in ein Rad.

In Schlesien soll ein Fuhrmann bei einem Wagner ein Rad bestellet haben,
welches er auch, nachdem es fertig gewesen, soll abgeholet haben. Wie er
aber unterwegens gewesen, solches Rad, nach Gewohnheit, einzeln fortzurollen,
da soll es sich begeben haben, daß er drüber müde geworden, das Rad an
einen Baum gelehnet, und sei darbei nieder zur Erden gefallen und entschlafen.
Immittelst soll der Berggeist diesen Possen gestiftet haben, daß er das rechte
Rad weggenommen und sich in Radsgestalt dafür hingestellet hat. Wie hernach der Fuhrmann aufgewachet und sein Rad weiter fortrollen wollen, so soll
es erstlich sich nicht haben wollen lenken lassen; drüber er, auf Fuhrmanns-
weise, zu fluchen und zu sakramentieren angefangen: drauf das Rad wie der
Henker alleine weggelaufen, deme der erschrockne Fuhrmann kaum folgen
können, wiewohl er sich im Rennen so stark angegriffen, als er je vermocht
hat. Endlich aber soll das Rad allgemählich ein wenig gemacher getan haben
und sachter gelaufen sein, also, daß der Kerl es hat ereilen können und auf
seine vorige Weise angegriffen hat. Wie er aber ein wenig fürder gekommen,
soll das Rad sich niedergeleget, den Kerl über sich hergezogen haben und mit
ihm nach seinem Losament geflogen sein, da es verschwunden und den Kutscher
allein im Sumpfe gelassen.

117. Rübezahl hänselt einen losen Fuhrmann.

Rübezahl kommt zu einem Fuhrmanne, welcher nach Hirschberg zu fahren in Willens, bei deme er sich angegeben und umbs Fuhrlohn gedinget. Als sie aber kaum eine Viertelmeil Weg miteinander gefahren, wollen die Pferde nicht einen Schritt von der Stelle gehen; da ihn der Fuhrmann heißen absteigen, welches er zu tun sich geweigert, vorgebende, weil er hätte Geld gegeben, müßte er auch dafür fahren. Als aber der Fuhrmann mit Ungestüm auf ihn zugelaufen, in Willens, ihn herabzureißen, hat er sich furchtsam gestellet und ist auf der andern Seite des Wagens geschwind heruntergesprungen. Hierauf haben zwar die Pferde ein zwölf Schritt den Wagen von dem alten Ort gerücket, aber bald wieder stille gehalten. Der Fuhrmann wird zornig, schlägt auf die Pferde immer los, bis Rübezahl machet, als wenn alle beide mitten voneinander springen. Worüber dem Fuhrmann so angst worden, daß er alsbald zurückgelaufen, seinem Wirte das Unglück angemeldet und gebeten, er möchte ihm doch seine Pferde so weit leihen, daß er den Wagen wieder zurückbringen und sich ein paar andere Pferde kaufen könnte. Wie nun der Wirt und andere Leute mehr (so es gehöret) mit dem Fuhrmanne hinauskommen, stehen die zersprungenen Pferde wieder am Wagen ganz ohne Schaden und Mängel, aber der Wagen ganz abgeladen, daß der Fuhrmann die Ware mit großer Mühe und Beschwerd hat müssen auf dem Felde aufladen, und ist endlich mit seinen eigenen Pferden an bestimmten Ort gelanget.

118. Rübezahl agieret einen hurtigen Fuhrmann.

Rübezahl kommt mit einem Wagen und sechs Pferden, als ein Landkutscher, nach Hirschberg, losieret in dem besten Wirtshause, worinnen ein reicher Herr losieret, der gewartet, bis er möchte Gelegenheit bekommen, nach Prage zu reisen. Wie nun Rübezahl mit zu Tische sitzet, fragt ihn jetzt gedachter Herr, wo er in Willens wäre hinzufahren? Worauf er antwortet: Nach Prage. Welches dem Herrn sehr lieb gewesen; hat mit ihm das Fuhrlohn gedinget, auch bald früh des andern Tages sich auf den Wagen gesetzet und fortgefahren. Wie es nun zum Abend kommen, meinte der gute Herr, er würde bald zu Prage sein; aber er ist betrogen worden und bei Rom in Italien sich befunden. Da ist er gezwungen worden, soweit ihm sein Geld gereichet, wieder mit der Post in Deutschland zu ziehen, den übrigen Weg aber bis nach Prage sich mit Betteln zu bringen.

119. Rübezahl zeiget einen unrichtigen Weg.

Ein glaubwürdiger Bürger und Kürschner zu Halle hat mir durch einen andern beibringen lassen, wie er vor etlichen Jahren selbdritte auf dem Riesengebürge gewesen, da er am Wege gezweifelt und sich nicht hat können mit seinen Gefährten zurechte finden. Derentwegen er denn von einem andern Mann (der ihm ungefähr und unverhofft, doch gewünscht begegnet – es war's aber niemand anders als der possierliche Rübezahl gewesen) sich erkundiget und gefraget hat: wohin die richtige Straße gehe, daß man an jenen Ort gelangen möge? Drauf soll jener Verführer-Geistmann sie umb einen Berg zu gehen angewiesen haben, sprechende· Folger nur diesen Weg und gehet allda zur Rechten hinumb, so werdet ihr nicht irren. Hierauf gehen die Wanderer den an die Hand gegebenen Weg und geraten nach Herumschweifung schier eines ganzen Tages wieder an den vorigen Ort, da sie vorher gewesen: allwo sie in eine Schenke die Nacht verweilet und den folgenden Morgen drauf erstlich von rechten Leuten sind auf den gewissen Weg gebracht worden. Aber gnug.

120. Rübezahl
verstellet sich in eine adeliche Dame und Bauernkerl.

Es soll, nicht vor langer Zeit, geschehen sein, daß ein vornehmer Junker über das Riesengebürge geritten und nunmehr seinen Weg fast verrichtet gehabt und bis auf einen wenigen Rest schier über das Gebürge hinübergewesen, da er endlich, weil es sich zum Abend angelassen, in eine Schenke oder Wirtshaus, so von dannen eine Viertelmeile entfernet gewesen, einzukehren gesonnen gewesen. Aber was geschicht? Wie er auf die bevorstehende Herberge gedenket und seines Weges immer fortreitet, da siehet er nicht gar weit vor sich hingehen eine adeliche schönbekleidete Dame, welche an der linken Seiten einen Bauersmann bei sich gehabt. Auf solches Paar verstellete Leute (denn Rübezahl ist drunter verdecket gewesen) siehet der gedachte Junker ohn Unterlaß, wendet die Augen, teils wegen der vermeinten Schönheit, teils wegen das bedünkende ungleich spazierende Paar, nicht davon und reitet ihnen immer nach, immittelst hoffende, sie und er sein auf einem und zwar dem rechten Wege und werden bald in eine Herberge zusammen kommen. Wie solche Einbildung ein ziemliches gewähret hatte und der Abend je mehr und mehr herangetreten war, und dieser Edelmann dennoch das Paar Volkes nicht hatte abreiten können, wie geschwinde er sich gezauet: siehe, da geschiehet es, daß die Adeljungfer mit dem Bauerskerl gleichsam hinter ein Gebüsche kommet und allda verschwindet. Indem aber schaut der forttrabende Edelmann für sich nieder und wird gewahr, daß er nunmehr auf eine hohe Klippe verführet gewesen; davon er gleich für sich hinunter fast bis auf den Abgrund gesehen, auch so tief, als solcher gewesen ist, hinuntergestürzet wäre, so fern er nur noch ein wenig fortgeritten follte fein. Nach diefer Begebnüffe ift er erftlich faft inne geworden, daß er betrogen gewefen und aus betöreter Unvorfichtigkeit von dem Rübezahl in Abwege verleitet worden. Da er dann mit großer Not und andere beforgte Gefahr zu tun gehabt, daß er endlich wiederumb auf den rechten Weg geraten und nach langer Zeit erftlich in die gewünfchte Herberge gekommen ift.

121. Rübezahl fchwängert eine Obriftin.

Im abgewichenen dreißigjährigen deutfchen Kriege foll es gefchehen fein, daß eine Obriftin in einer Kutfche über das Riefengebürge gefahren, famt andern Mitgefährten. Es foll ihr aber unterwegens not getan haben, allein von der Kutfche herunterzufteigen und hinter einem benachbarten Bufche, salva Venia zu melden, ihren Behuf zu tun, mittlerweile denn die Kutfche immer allgemählich ein wenig fürder gefahren ift. Was gefchicht? Wie jene Frau vermeinet, allein zu fein, da war ihr plötzlich ein ftattlicher Kavalier übern Hals gekommen, hätte fie freundlich angeredet und genötiget, mit zu fpazieren in feinen Palaft: drauf die Frau fich ftets entfchuldiget und ihre Reife vorgewandt gehabt, daß fie nämlich ihre Leute nicht möchte verlaffen, die Zeit verfäumen oder fie in Bekümmernis ftecken. Aber wie dem allem? Es hatte die Frau fich mögen entfchuldigen, fo viel fie vermocht, fo hatte doch der Rübezahlifche Kavalier fein komplimentöfifches Anhalten und Erfuchen nicht aufgeben wollen, fondern fie endlich fchier gezwungen, mitzuwandern. Drauf ihr die verlaffene Kutfche aus dem Gefichte geraten, darzu denn auch ihr Schreien und Rufen nichts geholfen und fie alfo nicht überhin gekunnt, fich loszumachen, fondern hatte notwendig in des erfchienenen Kavaliers Beliebung einwilligen müffen. War derentwegen mit ihm gegangen und hatte, nach einem kurzen Wege, ein herrliches Schloß angetroffen, das fo prächtig und künftlich war gebauet gewefen, daß fie ihr Lebtage kein beffers gefehen. Es hatte fie gedeucht, wie allenthalben lauter Edelgefteine verfetzt wären. In dem herrlichen Gemache, da fie war introduziert worden, da war es alles magnifik erfchienen. Es waren die rareften Traktamenten auf der Tafel geftanden; fo hätte es auch an Pagen und Dienern nicht gefehlet, die fie aufs fchönfte akkommodieret hatten. Weiter waren auch flugs zugegen gewefen die lieblichfte Mufiken von den ergetzlichften Inftrumenten, und was fonften zu fürftlichen Panqueten möchte gewünscht werden. In diesem präsentierten Gemach hatte sich die Obristin müssen niederlassen, und zwar bei der angerichteten Tafel an die vornehmste Stelle, darzu sich denn in Eil ander köstliche Herren gesellet, sie charisieret und mit den anmutigsten Gesprächen, nebenst den schmackhaftigsten Speisen, ergetzet, bis drüber der Abend und folgends die Nacht eingebrochen, da der erste Plagiarius oder räuberische Rübezahl in vorig=angenommener Kavaliers= gestalt zu ihr getreten, sie genötiget, zu Bette zu gehen und die Nacht über in seinem Schlosse zu ruhen. Was hatte die gute Obristin draus wollen machen? Wie sie vorher über Macht und Willen gegessen, also hatte sie itzund auch sich müssen in die Schlafkammer führen lassen, da sie die prächtigsten Betten und ein aus der Maßen fast königliches Nachtlager angetroffen, in welches sie sich geleget, und die ganze Nacht über wunderliche Grillen gemacht hat, weil sie aus großer Bestürzung nicht gewußt, wie ihr geschehen, wo sie wäre und wo ihre Leute logiereten. Hierauf war zur Mitternacht der kavalierische Rübezahl für ihr Bette gekommen, hatte seine Dienste präsentieret und sie teils bittlich, teils zwingend dahin bemächtiget, daß sie in seinen ehebrecherischen Willen sich hatte müssen ergeben: es soll ihr aber dabei alles sehr kalt vorge= kommen sein, wie sie selber es nicht in Bedenken genommen hat, hernach über einer Tafel solches zu erzählen, bei Anwesenheit vieler hoher Offizierer. Wie endlich die Nacht schier vergangen, und es in die Morgendämmerung geraten, da soll der Kavalier abermal zu ihr gekommen sein, sie genötigt haben, auf= zustehen, sich anzuziehen und nach ihren Leuten sich verschaffen zu lassen. Hierauf war sie in eine kostbare Kutsche gesetzt worden, und hatte sich der ausgemun= dierte Rübezahl zu ihr gesetzt, und hatten nebenher viel Trabanten gehabt, und waren also in weniger Frist durch dergleichen Kutscherei an einen Ort gekommen, da der Rübezahl hatte lassen stille halten, sie aufs schönste heißen austreten, welches denn, wie es geschehen, sie flugs zu ihren Leuten versetzt hatte, indem ihre Kutsche hart dabeigestanden; die vorige aber war in einem Hui mit allem Plun= der verschwunden. Drauf sie zu den Ihrigen gegangen, ihre Verführung referieret und sich trefflich hungrig befunden hatte, also, daß die Leute in selbigen Losa= ment ihr bald was zu essen hatten müssen anrichten; nach welchem Losament sich solche verlorne Kutsche hingemacht gehabt, wie die Obristin verloren gewesen, und die Bedieneten sie noch immer hin und wieder auf dem Gebürge gesucht hatten.

122. Rübezahl buhlet mit einem Weibe.

Ein Kaufmannsweib in Schlesien hat es eine lange Zeit im Gebrauch gehabt, daß, wenn der Mann in seinem Handel und Geschäften über Land gereiset und abwesend war, sie einen besonderlichen Buhlen und Beischläfer pflegte einzulassen. Derowegen hat sich's begeben, daß auf eine Zeit der Kaufmann abermal wegen seines Handels und Kaufmannschaft ferner über Land gezogen: da ist der Rübezahl in Gestalt ihres gewöhnlichen Buhlens bei Nacht zu ihr gekommen. Und als er nun der Wollust gnugsam gepflogen und sich wohl ersättiget, hat er des Morgens frühe einer Elster Gestalt an sich genommen, hat sich auf den Keller gesetzt und seine Beischläferin mit diesen Worten gesegnet: Dieser ist dein Buhle und Beischläfer gewesen. Und ist also in einem Hui, ehe er kaum ausgeredet, verschwunden und hernach niemals wieder zu ihr kommen.

123. Rübezahl wird ein Feuermäurkehrer.

Über dem Gebürge in einem benachbarten böhmischen Städtchen ist es vor Jahren geschehen, daß der Rübezahl in Gestalt eines Feuermäurkehrers sich hervorgetan hat und zu einem vornehmen Manne ins Haus gekommen, seine schwarze Kunst zu praktizieren. Nun, der Wirt des Hauses läßt sich den Vorschlag gefallen und tut Anstellung, daß der gegenwärtige Rauchstörer eine gewisse Feuermäur im Hause besteigen sollte. Darauf macht sich der Rübezahl zur Esse hinein, raspelt und kratzet, als wenn er das ganze Losament über einen Haufen reißen wollte, also, daß auch nicht wenig Steine herunterpurzelten. Und solches treibet er so lange, bis er sich endlich aufs höchste hinaufgeschoben und gestöbret hatte. Da setzt er sich geschwinde mit seiner langen Stangen, schmutzichten Kappen und teufelsmäßigen schwarzen Gesichte oben auf die Feuermäur, schreiet, wie er toll und unsinnig wäre, zwar nicht auf anderer Feuermäurkehrermanier, sondern führet ungewöhnliche Wörter, nämlich: der Wirt im Hause wäre ein Hahnrei, und wer es sonsten nicht wüßte, der hörte es jetzund von ihm, wie auch von den andern Wetterhähnen, welche nach diesen täglich, vermöge der Winde, kirren sollen und dem Hauswirte zum Reigen ihren Schall anstimmen. Nach solchen und andern Reden ist er

davongeflogen und hat die ganze Feuermäur, soweit sie über das Dach heraus=
gestanden ist, abgebrochen, auf seinen Rübezahlischen Puckel gesacket und an
jenen Ort mit sich dahingetragen, wo er, vor etlichen zwanzig Historien, die
angepackte Scheune hin versetzet hat. Von welcher mir allhier einer berichtet
hat, daß er den Ort wüßte, welcher mir damals unbekannt gewesen.

124. Rübezahl zeichnet einen Pamphilum.

Ein Feuermäurkehrer, wie er vergangen meinen Ruß ausfegete, kunnte mir
erzählen, daß er in seiner Wanderschaft in Schlesien erfahren hätte, wie
einsmals ein Jungferfischer und wankelmütiger Löffelknecht sich zwar mit vielen
redlichen Mägden hin und wieder verlobet, geschleppet und in der Leute Mäuler
habe bringen lassen, aber sie alle und jede nur geäffet, bei der Nase herumb=
geführet, auch wohl gar zu Falle gebracht und darnach habe sitzen lassen. Dieser
betrüglicher Galan wäre einsmals über das Riesengebürge gezogen, da sich
unterweges eine wohlgestaffierte Dame zu ihm gefunden, die lange anfänglich
mit ihm geschwatzt und endlich immer näher und näher zum Propo gekommen,
bis sie ihme ihre Liebe zu verstehen gegeben; darbei bittende: daß er sie nur
nicht betriegen und foppen wollte, wie er mit seinen vorigen Damen gehandelt,
darumb sie wohl wüßte. Und wenn er sie von Herzen meinete (hat sie weiter
fortgeredet), so sollte er ihr drauf einen Kuß liefern, und was sie für seltsame
Reden mehr geführet, dadurch sie ihn auf ihre Seite zu bringen gesonnen ge=
wesen. Worüber aber endlich dem Venusritter übel gedauchtet und Unrichtig=
keit vorgekommen, derentwegen er sich denn geweigert und den begehrten Kuß
versaget, gedenkende: daß er sein Lebetage noch kein Mägdchen betrogen hätte,
wie sie erwähnete. Hierauf hat sie ihme eine Maulschelle gegeben, dabei spre=
chende: Leug, du Schelm, daß du schwarz wirst! Wie er denn auch drüber nach
dem alten Sprichworte schwarz geworden; darneben sie verschwunden ist und er
hernach die Schwärze sein Lebetage nicht hat können von den Backen bringen.

125. Rübezahl gibt sich für eine Hure aus.

An irgendeinem Orte ist ein sehr geiler Hengst gewesen, welcher einer züch=
tigen Jungfer sehr nachgegangen ist und nicht von sie hat ablassen wollen.
Diese Ränke hat der Rübezahl ausgekundschaftet und sich in die Gestalt der

Jungfer hervorgetan, an den Ort gefüget, da jener Hurenschelm seine Liebste gesuchet hat, und mit dem Kerl die Sache abgeredet und sich verglichen, die folgende Nacht zusammenzukommen. Was geschicht? Wie der geile Schöps sich zu seiner Klunten ins Bette machet, da trifft er ein verfaultes Pferd an, das der Rübezahl vom Schindanger hingeführet hatte; in solches fällt der Hurer hinein und trifft noch weiter einen Haufen Schweineigel drinnen an, welche ihn den Liebeskützel wacker gesalzen und zuzauset haben und die venerische Lust gebüßet. Ei recht so! Also sollte man allen Ganymeden und Sardanapalis tun.

126. Rübezahl tauschet ein Pferd und Kleid aus.

Es soll ein Rittmeister im schwedischen Krieg mit Fleiß aufs Gebürge geritten sein mit seinem besten Pferde und Habite, hoffende, es werde sich Rübezahl ihm auch gütig erzeigen, also, daß er ein wackers Kleinod davontrage. Und indem er in solchen Gedanken forttrabet, da war ihm ein wackerer Kavalier mit einem noch schönern Gaule und Kleidung entgegengekommen, darüber sich der Rittmeister gefreuet. Weiter war auch solcher ausgemundierter Rübezahl mit seiner Anrede nicht faul gewesen, sondern hatte flugs dem Rittmeister gefraget, sprechende: Glück zu, Bruder, woher? Haben wir nicht was umzusetzen mit Pferd und Kleide? Der Rittmeister hat geantwortet: Wohlan, ich komme aus Schlesien und will mich allhier ein wenig erlustieren; was des Herrn Bruders angebotenen Tausch belanget, so bin ich fertig umzusetzen. Und hiermit hat sich ein jeder ausgezogen, die Kleider und die Pferde verwechselt. Darmit ist Rübezahl abwegs anderswohin geritten; der Rittmeister aber war mit frohlockendem Mute wieder umgekehret und hatte nach seinem Quartiere zu getrachtet. Wie er aber kaum von der Schneeküppe wieder heruntergewesen, da war er inne geworden, daß er, anstatt die erhaltenen köstlichen Kleider, lauter Laub von den Bäumen umb sich gehabt, anstatt des Pferds aber hat er einen großen Prügel unter sich gehabt; darmit hatte er wie ein Halunke hereingefortisieret und hatte sich seines Tausches von Herzen geschämet, indem er auch einen Bauren umb bessere Lumpen, umb den Rump zu tun, hat anreden müssen.

127. Rübezahl hütet der Pferde.

Im verwichenen dreißigjährigen gewesenen Kriege soll der Rübezahl sich wie ein Pferdeknecht oder -junge gebärdet haben, soll auf einem besonderen Platze an der Heerstraße gelegen, oben auf dem Riesengebürge, ein ziemlich Koppel schöner Wallache in der Weide gewartet und bei sich gehabt haben, und solches zwar etliche Tage nacheinander, bis es die Soldaten und damaligen Schnapphähne erfahren, so drunten nicht weit vom Gebürge ungefähr ihr Quartier gehabt; die sich nicht säumen, sondern eine gute Beute zu ertappen gedenken: derentwegen sich ein Tropp aufmachet und des Wegs hinauf nach den gesehenen Pferden trachtet, welche sie alle (ungeachtet der heftigen Vorbitte des Rübezahlischen Hüters) rauben und unter sich teilen, auch nebenst ihren mitgebrachten Pferden weg nach Hause reiten wollen. Aber was geschicht? Wie sie damit zu Kehre gehen und schier eine Ecke von der Weide fürder gekommen waren, da beißen und reißen die Pferde so unerhört sehr, daß die Reuter gezwungen sein geworden, solches ungebändiges Vieh mit Ruten und Prügel wacker zu züchtigen und herdurchzukarbatschen. Aber je ärger und mehr sie draufgeschmissen, je weher hat es ihnen selber getan, also daß große Striemen und Beulen auf ihren Schultern waren aufgelaufen gewesen, daß sie nicht gewußt, woher es käme und was das zu bedeuten gehabt. Doch waren die gestohlenen Pferde darauf ein wenig weiterzugehen veranlaßt worden, da sie eine neue Mode der Widerspenstigkeit vorgenommen, nämlich sie sollen alle haben angefangen zu hüpfen und zu tanzen, und zwar solches auf einer Stelle rund in einem Kreise herumb, schier dreier Stunden lang: da die Soldaten nolentes volentes alle mit ihren Pferden haben herumgemußt, bis sie getaumelt und aus entstandenem großem Schwindel herunter auf die Erde gefallen, ihre Pferde gestorben und die tausenden drüber verschwunden sein. Siehe, da hat es wohl Hengste geheißen: Hic jacet in dreckis, qui modo Reuter erat. Ei mein Kerl, stiehl nicht mehr! Laß einem jedweden das Seinige, so bleibet dir auch das Deinige.

128. Rübezahl wirbet Soldaten.

Es ward mir in diese Leipzigsche Ostermesse Anno 1662 referieret: wie daß Rübezahl im verwichenen teutschen Kriegswesen sich an einem Orte für einen Werber ausgegeben und unterschiedliche Landsknechte bekommen, denen er auch einzeln ein richtiges Geld auf die Hand gegeben, mit drei Pferden versorget und mit ausbündigem Gewehre, dem Scheine nach, ausgemundieret gehabt. Drauf denn endlich der Tag angebrochen, da er mit sie hat fortmarschieren wollen, wie er nunmehr eine begehrte Anzahl besessen. Da reiten sie sämtlich in angestellte Ordnung fort, geraten auf das Gebürge und werden eine Kompagnie Feinde ansichtig, die der Rübezahl aus den anwesenden Bäumen den verblendeten Augen präsentieret. Hierüber reizet sie der Rübezahl an, daß sie sollen getrost sein, tapfer draufgehen, die Mauseköpfe fällen und mit ihnen die erste Beute davonbringen. Hierüber geben sie den Pferden die Sporen und setzen immer im frischen Mut an ihren vermeinten Feind: stechen, hauen und schießen, daß es dellert; also daß sie vermeinen, wie sie den Feind gänzlich niedergeleget und stattlichen Raub erhalten. Aber wie sie sich recht umsehen, da ist ihr Kommendant (oder gewesene Rübezahl) verschwunden; der zermetschte Feind seind lauter Büsche, die sie mit ihrem Prangen und Knütteln zerquetschet; ihre gedachte Pferde, drauf sie gesessen, waren alte Esels- und Ochsenköpfe gewesen, dran die beinerne Gerippe noch gehangen. In solcher Positur hatten sich alle Narren betroffen und einander trefflich selber auslachen müssen, wie sie die Vorstellung inne geworden. Das Beste war gewesen, daß sie unverletzt davongekommen, freiwillig abgedanket worden und einen guten Heldenmut etliche Tage dabei umsonst gehabt.

129. Rübezahl verführet etliche Musketierer.

Des weitern soll im dreißigjährigen Kriege ein Werber etliche reisende Bursche angepacket und sie zu Soldaten gemachet haben, damit er über das Gebürge zu reisen gesonnen; welches aber nicht füglich ohne Wegezeiger und Boten hat geschehen mögen, sintemal er der Straßen nicht kundig gewesen. Und derenthalben hat er sich nach einen Leiter umgetan: darzu sich der Rübezahl hat unwissend gebrauchen lassen, welcher auch drauf eine gute Weil die Soldaten geführet, endlich aber die losen Hudler wacker verführet hat, und zwar also. Nämlich: er ist immer vorne angegangen, bis er endlich sich schleunig in einen großen Baum verwandelt (nachdem er sie schon allbereit auf Irrwege geführet), daran die nachfolgenden Soldaten, butz, butz, mit ihren Köpfen gelaufen und wie dumme Ochsen herumgefallen sein; darauf sie ihrem Leibe kein Rat gewußt, woher sie kommen und wohin sie gedächten. Sie sind auch eine lange Zeit herumgeschweifet, und nachdem sie keinen Menschen ertappen mögen oder auf den richtigen Steig geraten können, da haben die geworbene und mit Zwang zum Soldatenwesen gebrachte Landesknechte aus Desperation einen Anlaß genommen, ihren Werber und Offizier an den Baum zu hängen. Wie solches geschehen, da haben sie gar bald in der Nähe einen Polen ersehen, zu welchen sie gegangen sein, und wiederumb zurechte gekommen.

130. Rübezahl schläget etliche Soldaten zu Boden.

Es erzählet mir ein ander schlesischer Bote, daß es sich gleichfalls im dreißigjährigen gewesenen teutschen letzten Kriege begeben hätte, daß ihrer sieben Reuter von den kaiserlichen Völkern aus Friedeberg geritten und auf das benachbarte Gebürge zu mausen ausgemarschieret wären: da sie denn einen Mann in einer Kaleschen ersehen, dafür drei Pferde wären gespannet gewesen. Zu solchem sollen sie in vollem Sporenstreiche hingetrabet sein und den Mann angefallen haben, in Willens, ihn zu plündern. Was geschicht? Sie zerren den Mann zum Wagen heraus, welcher dann trefflich bittet, sie sollen ihn doch passieren lassen, er wäre ein guter armer Kerles und hätte sonsten nicht so gar sehr viel übrig. Aber es hatten alle diese bewegliche Wörter keine Statt gefunden, sondern waren schlechter Dinges fortgefahren, ihn zu berauben. Drüber ergreifet der Mann (nämlich der Rübezahl) einen von den Reutern und schläget die übrigen greuliches Dings damit ab, daß sie verwundet hatten müssen davonreiten; da es denn geschehen, daß sie wiederumb in Friedeberg in ihr Quartier geraten und zweene ihrer Kameraden vermisset haben, da sie nicht gewußt, wo sie geblieben sein, und nach diesem auch gar keine Nachricht davon erhalten haben. Das heißet gemauset und zweene verhauset, denen Rübezahl die Kolbe gelauset und auf seiner Klausen gewisse mit den andern Hängern verschmauset hat. So muß man auf Partei gehen und gescharmisieret, da eine Partei oder Teil sich verlieret, die andere wacker wird abgeschmieret, welche der Rübezahl erbärmlich zieret und hübsch scharf schieret. Doch gnug.

131. Rübezahl versteckt sich in einen Geldbeutel.

In vorigen Kriegsläuften hatte ein Kommissarius sehr viel Geld von den armen Leuten in einem Flecken extorquieret und war nunmehr mit davongegangen. Siehe, da kömmt unterwegens dem Commissario in seinem Säckel ein Knaspeln und Raspeln an, welches ihm so angst und bange macht, daß er nicht weiß, wo aus noch ein. Er kriegte seinen Säckel hervor, besichtigte ihn und fand dennoch nichts mehr drinnen als sein geraubtes Geld; drauf stecket er den Beutel wieder zu sich. Wie dieses kaum geschehen, siehe, da fängt es auf die vorige Manier wiederumb an zu rasen und den Geldgurgel zu ängsten, daß er den Sack wieder hervorkriegt, und solches nacheinander etliche Mal, wie er ihn denn auch so vielmal wiederumb zu sich steckete: bis daß er endlich gezwungen ward, ihn von sich zu werfen. Wie dieses geschehen, da brachte der Rübezahl den ergriffenen Beutel wiederumb zu den armen Leuten und erfreuete sie hiermit aufs beste.

132. Rübezahl prediget als ein Dorfpräzeptor.

Es begibt sich einsmals, daß Rübezahl zu einem Dorfpriester an einem Freitage in Gestalt eines armen Studenten kommen und umb eine oder drei Nacht Herberge anhält, so ihme denn auch nicht versaget worden. Als nun die Essenszeit herbeikommen, der Tisch gedeckt und die Speisen aufgesetzt

worden, heißet ihn der Priester nebenst seinen eigenen Leuten mit sitzen, bit=
tende, mit der wenigen Speise vorlieb zu nehmen; worauf er sich nicht lange
bedacht, sondern alsbald hinzugesessen, da denn über dem Essen viel Diskurs
vorgelaufen, unter welchen auch dieses gewesen: da ihn der Priester gefraget,
was er studieret, er geantwortet Theologiam und sich darneben gerühmet, wie
er in zwei Stunden eine gute Predigt verfertigen und alsbald vorrichten
könnte. Weil denn nun der Priester ein guter fauler Geselle war, denkt er bei
sich: Wenn dem also wäre, wolltest du ihm freien Tisch geben und alles Gutes
erzeigen, damit er mein Substitut sein könnte. Spricht ihn alsbald an, umb
die folgende Sonntagspredigt zu verrichten, welches Rübezahl mit Hand und
Mund versprochen, ihm auch zu mehrerm Glauben von Stund an die Dispo=
sition der Predigt vorgesaget, also, daß der Priester nicht anders gemeinet,
es wäre ein so gelehrter Studiosus. Des Sonntags nun, als er auf die
Kanzel kommet, hebet er so stark an zu predigen, als wenn viel hundert Men=
schen schrien, daß alle, so in der Kirche gewesen, aus Furcht und Erschröcknis
haben müssen herauslaufen, welchen er im weißen Chorrock nachgefolget und
etliche von denselben weidlich umb den Kirchhof gejaget, bis er endlich den
Rock ausgezogen, solchen hinweggeworfen und seinen Weg weiter vorge=
nommen.

133. Rübezahl lässet sich für eine Wehmutter gebrauchen.

Auf einem Dorfe hatte ein Bauersknecht mit des Schulzen Tochter nahe
zubehalten; als sie nun beide verspüret, daß gar gewiß was Junges drauf
folgen würde, sind sie gleichsamb gezwungen worden, solches ihren Eltern an=
zuvermelden, so denn ihnen anfänglich trefflich hart zugesprochen und höchlich ver=
wiesen, aber hernach dahin getrachtet, wie in kurzer Zeit die Hochzeit möchte
angestellet werden, damit sie nicht den Leuten in die Mäuler kämen. Sind
also inner drei Wochen zusammen getrauet worden. Als etwan nach zehen
Tagen die Mutter hat eines Kindes genesen, kommt ein alt Weib für das
Haus, und fraget, ob es nicht ihr und des Mannes Belieben wäre, sie wollte
sich für eine Wärterin und Hebamme gebrauchen lassen. Welches denn end=
lich beiderseits gefallen. Als die Geburtsstunde herzugenahet, hat der Mann
etliche seiner Anverwandten und nahen Nachbarnweiber gebeten, sie möchten

doch bei seines Weibs Erlösung verbleiben. Wie nun die Frau das rechte Kind bekommen, bringt die Hebamme (als Rübezahl) zuwege, daß ihrer noch neunzehn folgen, worüber alle erschrocken, daß sie nicht gewußt, wo sie alle Kinder hintun sollten. Werden hierauf Sinnes, den Priester holen zu lassen, welcher, als er in die Stube kommen, die Kinder mit Verwunderung noch alle beim Leben gesehen; als er aber eines nach dem andern wollen anrühren, sind sie zu Kinderpoppen worden, bis er endlich das recht ergriffen und mit vielem Seufzen und Gebet zur Taufe gehoben. Gleich aber, als das Kind getauft worden, ist die alte Hebamme wieder fortgegangen und soll noch wiederkommen.

134. Rübezahl stellet sich, wie er krank wäre.

Es hat mir der Breslauer Bote erzählet, wie ein Wundarzt des bewußten Ortes gereiset und einen kranken Menschen unterwegens angetroffen hätte, welcher ihn erbärmlicherweise nach Hülfe angeschrien und seine Unpäßlichkeit weinend geklagt gehabt. Hierüber hat sich der Medikus erbarmet, ist zum Patienten hingelaufen und hat ihm etliche mit sich genommene Remedia überreichet, die der krankgestellte Rübezahl auf= und angenommen und zu allen Dank erkannt hat. Damit er aber dem Arzte auch seine Wohlgewogenheit würklich entdeckete, so hat er sich gestellt, als wollte er wohl von Herzen gern für die erzeigte Guttat sich dankbarlich erzeigen, aber es fehle ihm leider das Vermögen; dennoch aber, damit er so viel verehrete, als er hätte, so wollte er ihme hiemit ein gefunden Messer und Gabel geben, so er vor diesem irgendwo auf dem Wege angetroffen. Dieses hat der Medikus zu sich genommen und, damit er ihn nicht verschmähete, freundlich akzeptieret, und davongewandert; bis er endlich zum Wirtshause geraten, da er eingekehret, Essen begehret und in lachendem Mute hierzu sein verehrtes Messer herausgezogen: welches jetzund nicht mehr Stahl und am Handgriffe beinern gewesen, sondern ganz gülden und mit Edelgesteinen besetzt ist angetroffen worden. Sehet, solches culter muß ein cultor medicinae haben, wenn er es mit seinen Patienten machet, daß es zu leiden ist oder solcher vielmehr nichts leiden darf.

135. Rübezahl machet
ein schnakisches Testament, stirbet darauf und lebet noch.

Als in einer bekannten Stadt im Gebürge Jahrmarkt gewesen, ist Rübezahl mit einem Schubkarrn, auf demselben einen Kasten habende, als ein anderer Krämer hinein kommen, in ein Wirtshaus gegangen, den Wirt umb ein eigen Kämmerchen angesprochen, damit seine Sachen vor allen Dieben möchten versichert sein. Wie er dieses von dem Wirt erlanget und schon auf ein anderthalb Tage darinnen gewesen, stellet er sich trefflich krank, heißet den Wirt und Wirtin zu sich kommen, reichet ihnen den Schlüssel zu seinem Kasten, den er mitgebracht, und befiehlet, die inliegenden Sachen alle zu beschauen, ob ein Schade darzu geschehen; da sie denn mit Verwunderung Geld, silberne Löffel, Becher und schöne seidene Ware gefunden. Als er nun siehet, daß es den Leuten so wohl gefallen, spricht er, es wäre nun, allem menschlichen Ansehen nach, seine Todesstunde kommen, hätte auch weder Weib noch Kind noch andere Anverwandten, und wäre dies sein größter Kummer, wie er möchte ehrlich zur Erde bestattet werden. Drauf der Wirt geantwortet: Wenn Ihr mir von Euren Sachen etwas bescheidet, will ich Euch aufs Höchste (hiesigem Brauch nach) begraben lassen. Rübezahl befiehlet hierauf, die fünfzig Dukaten, so oben gelegen und gut Geld gewesen, herauszunehmen und sie zu seinem Begräbnüsse zu gebrauchen. Der Wirt hat kaum den Kasten wieder zugeschlossen, hebet Rübezahl einen Gall an zu speien, sperret das Maul auf und stirbet. Der Wirt, welcher nebenst der Frauen zwar anfänglich erschrocken, aber nachdem sie zum Bette getreten und gesehen, daß er recht verschieden, hat mit Ehestem, als er gekönnt, ihn begraben lassen, vorwendende, es wäre sein naher

Freund gewesen. Wie nun alles verrichtet und der Sarg von den Totengräbern soll ins Grab gelassen und verscharret werden, hebet der Tote an zu singen:

> So lasset mich nun hier schlafen,
> Und gehet heim eure Straßen,
> Wer weiß, ob ich nicht ehr aufsteh,
> Als die mit mir zu Grabe gehn.

Wie dieses die Totengräber hören, laufen sie darvon, zeigen es dem Rate an, welcher den Sarg eröffnen lassen, darinnen ein groß stinkend Hundsaas gelegen, und wußte niemand, wie es hiemit zugegangen. Der Wirt denket nach verrichteter Leichbegängnüs einen großen Schatz zu finden, nimmt den Schlüssel, schleußt den Kasten auf: worinnen aber nichts als alte Hundsknochen und Säuborsten gelegen. Das heißt rechtschaffen betrogen!

Nachwort

Der Berggeist Rübezahl ist uns allen schon in früher Kindheit bekannt geworden. Zu den ersten Märchen, die wir uns erzählen ließen, gehörten auch
solche vom Rübezahl, und als wir dann unsere Luft am Wunderbaren aus Büchern
selber befriedigen konnten, gab man uns den Mufäus, und in seinen Volksmärchen
fanden wir gleich zuvorderst die „Legenden vom Rübezahl". Wir lafen sie, wenn
uns auch die Zwischenbemerkungen des Erzählers störend vorkamen und die litera-
rischen Anspielungen unverständlich blieben, mit warmem Anteil und wachsender
Spannung, wußten nun auch den Namen des Rübezählers aus seiner Liebesgeschichte
mit der Prinzessin Emma zu deuten und bekamen eine lebendige Vorstellung von der
Sonderbarkeit dieser Geisteserscheinung. Noch etwas später, und wir begegneten in
der Kunst eines Ludwig Richter und Moritz von Schwind dem Berggeist, je nach
der Auffassung des Künstlers und der Situation seines Bildes bald als struppigem
Riesen, bald als freundlichem Alten, aber doch immer uns menschlich ansprechend
und einen künstlerisch geschlossenen Eindruck auf uns zurücklassend.

Nun, einen so sympathischen, uns harmonisch anmutenden Rübezahl finden wir
bei dem Leipziger Magister Johannes Prätorius nicht. Der gehörte noch dem roheren
Zeitalter des Dreißigjährigen Krieges an[1] und stand so dem grobianischen Geschmack
viel näher als der kultivierten Kunst seiner Nachfolger. Er stand aber auch um so
viel näher der Quelle, wenn man bei der Rübezahl-Sage von solcher sprechen kann,
und befaß nach dem Urteil der Brüder Grimm trotz aller Gelehrsamkeit „den Sinn
für Sage und Aberglauben, der ihn antrieb, beide unmittelbar aus dem bürgerlichen
Leben selbst zu schöpfen". Ja, ihm verdanken wir überhaupt die erste Aufzeichnung
der Rübezahl-Sagen, die uns ohne ihn wohl nie überliefert worden wären; denn auf
ihn gehen unmittelbar oder mittelbar alle späteren Darsteller dieses Stoffes in Dichtung
und bildender Kunst zurück, und auch die Sagenforschung fußt auf ihm in dieser Beziehung.
In der Fassung des Prätorius erscheint uns also der Rübezahl ursprünglicher.

Ganz ursprünglich freilich auch nicht mehr. Man merkt es dem Magister an, daß
er nur zu gern ein Tröpfchen eigene Weisheit in die uns kredenzte Schale mischt,
und gelegentlich hat er's ja auch bekannt, viele Geschichten sogar erfunden zu haben.
Wer will aber heute noch die Spreu von dem Weizen sondern! Auch hat sich Prätorius an der Überlieferung nicht allein versündigt: die Überlieferung selbst ist mit-
schuldig. Denn an den Rübezahl-Büchern des Prätorius haben noch andere mitge-
arbeitet, und offenbar nicht nur die einzelnen Personen, die er in seinen Geschichten

---

[1] Johannes Prätorius hieß eigentlich Hans Schultze und war zu Zethlingen in der Altmark 1630
geboren. Er studierte und lebte aber in Leipzig, wo er auch 1680 starb. Seine Hauptwerke liegen
sämtlich auf volkstümlichem Gebiete, sind aber im ganzen heute ungenießbar.

namhaft macht, sondern wohl auch ganze Stände oder Innungen, die hinter anderen in Rübezahl-Historien berücksichtigten Ständen nicht zurückbleiben wollten.

Was heißt aber überhaupt echt bei den Sagen vom Rübezahl? Wo will man die Grenze ziehen, wenn man nicht die erste schriftliche Fixierung als solche ansieht? Es gab zu Prätorius' Zeiten und vor ihm noch keine Grimms, die unmittelbar aus der mündlichen Quelle hätten zu schöpfen verstanden, und zu Zeiten der Brüder Grimm gab es wohl keine mündliche Überlieferung der Rübezahl-Sagen mehr.

Ob überhaupt einmal die Gestalt Rübezahls in der Volksphantasie lebendig umging? Auch wer dem Prätorius gar nicht trauen wollte, müßte sich davon doch überzeugen lassen. Schon durch des schlesischen Dichters Martin Opitz Zeugnis, der in der ersten Hälfte des 17. Jahrhunderts den „Bergmann Rübezahl" kennt und ihn als „Riesengott" anruft. Ausführlicher ist Kaspar Schwenckfeldt, der in seiner 1607 erschienenen „Hirschbergischen Warm Bades Beschreibung" bemerkt, daß Rübezahl eine der Ursachen sei, um deren willen „der Riesenberg weit von ferne beschrien" sei; die Anwohner gäben vor, „er sei Herr und Besitzer der Metallen und Schätze, so in diesem Gebürge verborgen liegen, derowegen bis anhero niemand derselben teilhaftig werden und genießen können, weil sie der Riebenzahl besessen, ungern von sich lasse". Weiterhin erzählt Schwenckfeldt sogar einen besonderen Fall, wo Leute bei Schreiberhau aufs Gebirge kommen und Schätze durch einen Zauberkreis heben wollen: da „erzeiget sich der Riebenzahl, aber mit einem so erschrecklichen Ungewitter, welches etliche Tage gewähret, und ein großer Schnee und erschreckliche Kälte erfolget sind, daß sie dadurch zerstreut, kaum lebendig sind herabkommen, ja etliche die Füße darüber erfröret haben. Das ist ihre Ausbeute gewesen." Ist das nicht im Stile des Prätorius und ein Entlastungszeugnis für ihn? Noch weiter zurück liegt das Zeugnis des Chronisten Simon Hüttel, der in seiner Chronik von Trautenau 1576 ein Hochwasser im Aupatal erwähnt und dazu bemerkt: „die Kaiserischen Holzknecht und Schwaher [Postillione] sagten, Rübenzagel habe die Klaussen geschlagen und ihren Klaussemeister auch mit ertränkt". — Schon durch diese Belegstellen ist erwiesen, daß Rübezahl in der Tat zu Prätorius' Zeiten im Volksmund eine Rolle gespielt hat.

Die verschiedenen Namensformen in den angeführten Stellen geben Anlaß zur Frage nach der ursprünglichen Form und der Bedeutung des Namens. Viel ist darüber geschrieben worden, und schon unser Leipziger Magister hat in seinem „Satyrus Etymologicus" (1668) nicht weniger als 100 Ableitungen anzuführen gewußt. Sie sind natürlich sämtlich unhaltbar, viele geradezu abenteuerlich[1]. Auch

---

[1] Auf diesen philologischen Spieltrieb gehen auch die in unseren Geschichten vorkommenden Beinamen Rübezahls zurück: der Riphäische (montes Riphaei = Riesengebirge), der Monzival (als angeblicher

die Deutung Rübezähler ist dabei, die Musäus mit anderer Begründung in seiner ersten Legende wieder aufgenommen hat[1]. Die heutige Namensform hat zu dieser Erklärung verführt, ist aber selbst nur ein volksetymologisches Produkt, gebildet, als das Volk die frühere Namensform nicht mehr verstanden hatte. Diese frühere Form ist nach den wohl noch heute gültigen Ergebnissen von Zachers Untersuchung über „Rübezahl und seine Verwandtschaft"[2] als „Riebezagel" anzusetzen, wovon der Bestandteil „zagel" (später verkürzt zu „zahl") nur wortverstärkend zu dem eigentlichen Namen „Riebe" hinzugefügt ist (wie etwa heute in gleicher Bedeutung „schwanz" bei „Affenschwanz"). Das Wort „Riebe" aber macht den eigentlichen Namen des Geistes aus und ist uns noch heute in Orts- und Personennamen erhalten geblieben[3]. Ist man sich in der sprachlichen Herleitung auch nicht ganz einig, so ist doch anzunehmen, daß das Wort ursprünglich nur die hervorstechende Eigenschaft einer Gottheit bezeichnet[4] und erst allmählich zur Bezeichnung der Gottheit selbst geworden ist. Das vielfache Vorkommen von Namenzusammensetzungen mit dem Wort „Riebe" in den verschiedensten Gegenden deutschen Sprachgebietes weist darauf hin, daß das Wort kein Eigenname des schlesischen Gespenstes, sondern die allgemeine Bezeichnung irgendeiner Gottheit war. Erst in der Verbindung mit „Zagel" ist das Wort zum Eigennamen unseres Rübezahl geworden.

Nach dieser sprachlichen Deutung des Namens ist also Rübezahl deutscher, nicht slawischer Herkunft. Die Beziehungen, die er zu den Slawen hat, erklären sich zur Genüge aus den geschichtlichen und geographischen Verhältnissen. Vom sechsten bis zwölften Jahrhundert beherrschten die Slawen das Gebiet des Riesengebirges; die danach einwandernden Deutschen brachten den Glauben an Rübezahl wohl schon mit, übernahmen aber manche Züge und Geschichten von Gottheiten der slawischen Bevölkerung. Einen Beleg für diese Annahme der Verpflanzung des Rübezahl-Glaubens aus anderen deutschen Gegenden nach dem Riesengebirge bietet die von Zacher in seiner erwähnten Untersuchung angeführte Stelle aus der „Tiroler Chronik" des Matthias Burglechner vom Jahre 1619, wo gelegentlich der Erwähnung von unterirdischen Bergmännlein auch gedacht wird der „Histori von dem Geist Ruebzagl genannt, so sich vor Jahren bei dem Goßleberischen [Goßlarischen] Perckwerch und

Abkomme des Adelsgeschlechtes Ronsevall), der Caballierische und der Corybonische Rübezahl. — [1] Nach Prätorius zählte Rübezahl aus Geiz täglich die Rüben auf seinem Felde, nach Musäus bekanntlich, um eine Forderung der Geliebten zu erfüllen. — [2] In den „Mitteilungen der Schlesischen Gesellschaft für Volkskunde", Jahrg. 1903, Heft X, S. 33 ff. — [3] Nach Zacher z. B. Ribhain im Taunus und, mit anderer Schreibung, Riewenheiwet b. Niedersachswerfen, Rübenau im Erzgebirge. — [4] „freigebig", wenn es dem niederdeutsch. „rive" — „rauh", wenn es dem althochdtsch. „hriob" entspricht.

daselbst herumb am Harz, in dem Herzogtumb Praunschweig aufgehalten hat"; danach erst habe er sich „in die Schlesi begeben, auf ein ringhaltiges Kupfer Perckwerch,
heißt das Riesengepürg".

Erst im Lauf der Jahrhunderte hat die Rübezahl-Sage die Gestalt angenommen,
die wir jetzt kennen. Die Gottheit sank in dem christlichen Zeitalter zur Koboldfigur
herab, und der Name wurde in der Verbindung mit „zagel" zum Schimpfnamen.
Alte mythologische Vorstellungen von anderen germanischen und auch slawischen
Gottheiten wurden in das Bild verwoben, dann auch Züge vom Teufel und später
Stücke von den Helden beliebter Volksbücher auf Rübezahl übertragen. So tritt er
denn auch als Nachtjäger auf an Stelle des wilden Jägers Wotan, so übt er Zauber-
stücke wie Faust und der Rattenfänger von Hameln und ahmt dem Eulenspiegel seine
derben Streiche nach; in den Abbildungen aber erscheint er stets mit dem Bocks-
oder Pferdefuß, damit der Leser ja an seine teuflische Verwandtschaft erinnert wird.

Diese Bilder stammen übrigens nicht aus dem Prätorius, sondern aus dem etwas
später erschienenen Buche „Bekannte und unbekannte Historien von dem abentheuer-
lichen, weltberufenen Rieben-Zahl, welche von Prätorio, Schwencken und anderen
bewährten Skribenten mehr sind geschrieben worden". Auch die im Prätorius nicht
enthaltenen Geschichten Nr. 2, 22, 75, 77, 90, 107 sind daher entnommen. Im
übrigen aber konnten für die Wiedergabe der Rübezahl-Sagen in ihrer ältesten Gestalt
nur die betreffenden Bücher des Leipziger Magisters in Betracht kommen, nämlich
die drei Teile der „Daemonologia Rubinzalii Silesii" (Leipzig 1662 ff.) und der
„Satyrus Etymologicus" (1668).

Aus diesen Sammlungen ist verwertet worden, was reizvoll oder in irgendeiner
Beziehung charakteristisch ist. Eine neue Anordnung der Geschichten machte schon
der Umstand notwendig, daß sie verschiedenen Büchern entnommen werden mußten;
es sind nun die Stücke verwandten Inhalts möglichst zusammengestellt worden,
während die Anordnung des Ganzen auf eine sinngemäße Entwicklung bedacht war.
Die Rechtschreibung ist zur Erleichterung für den ungeübten Leser modernisiert worden,
der Lautstand aber möglichst unangetastet geblieben; daß sich sächsische und schlesische
Laute kreuzen, liegt an der Überlieferung schlesischer Sagen durch den sächselnden
Magister. Wo sich dieser mit seiner Gelehrsamkeit allzusehr breit macht, sind ihm
die geilen Schößlinge seiner Magisterweisheit beschnitten worden. Wesentliches ist
aber an der Überlieferung nicht geändert, auch ist nichts gemildert worden. Die
Zoten und Grobianismen entschuldige man mit dem Zeitgeschmack und danke im
übrigen dem Prätorius für den Eifer, mit dem er die Geschichten von Rübezahl gesammelt und uns so erhalten hat.   F. B.

Inhaltsverzeichnis